陈春花管理经典

共生理念
组织范式的转变

The Philosophy of
Symbiosis

Transformation of Organizational Paradigms

陈春花 秦子忠 —— 著

机械工业出版社
CHINA MACHINE PRESS

图书在版编目（CIP）数据

共生理念：组织范式的转变 / 陈春花，秦子忠著．
北京：机械工业出版社，2025.6（2025.6 重印）. -- （陈春花
管理经典）. -- ISBN 978-7-111-78132-5

Ⅰ. F272.9

中国国家版本馆 CIP 数据核字第 2025BV230 号

机械工业出版社　（北京市百万庄大街 22 号　邮政编码 100037）
策划编辑：白　婕　　　　　　　　　责任编辑：白　婕　王　芹
责任校对：马荣华　李可意　景　飞　　责任印制：单爱军
保定市中画美凯印刷有限公司印刷
2025 年 6 月第 1 版第 2 次印刷
170mm×240mm・12.5 印张・1 插页・130 千字
标准书号：ISBN 978-7-111-78132-5
定价：89.00 元

电话服务　　　　　　　　　　　　网络服务
客服电话：010-88361066　　　机　工　官　网：www.cmpbook.com
　　　　　010-88379833　　　机　工　官　博：weibo.com/cmp1952
　　　　　010-68326294　　　金　书　网：www.golden-book.com
封底无防伪标均为盗版　　　机工教育服务网：www.cmpedu.com

目　录
CONTENTS

新的叙事方式

夫天地者，万物之逆旅也；光阴者，
百代之过客也。

——李白

　　2012 年，我（陈春花）在华南理工大学五山校区西湖厅和三位来自深圳的企业家交流时，他们问了一个问题：互联网到底会给制造企业带来多大的影响？

　　这一年，中国互联网市场发生了许多极为重大的标志性事件：优酷与土豆突然合并；百度、360、腾讯、阿里巴巴、网易、搜狐、小米等相继进军移动终端（智能手机等）市场，雷军说"小米要用做互联网的方式来做手机，不靠硬件赚钱"；唯品会、欢聚时代成功上市，而阿里巴巴、盛大退市；天猫、淘宝"双 11"商品交易总额创下纪录，电商呈现出"井喷"的发展态势；微信用户量快速增长，赶超微博已成定局；苏宁、国美加速转型，线上线下同步发展；等等。

　　这一年，随着贴近市场与终端的互联网产品的丰富和发展，新型互联网企业快速崛起，很多企业管理者，尤其是传统制造业企业的管理者陷入"集体焦虑"。寻找与互联网时代共存的解决方案，跟上时代变化的步伐，是传统企业不得不面对的全新挑战，也是管理学者要面对的挑战。这一年，我把这一挑战内容确定为自己未来的研究主线。

托马斯·西贝尔（Thomas Siebel）认为，"在管理学领域，模式识别是一项至关重要的能力，即从各种环境中看透复杂表象，发现内在基本规律的能力"。互联网技术与信息技术已广泛渗透至各个领域，带来了巨大的变化，其内在基本规律到底是什么？尤其是在我所关注的企业组织发展领域，这些技术带来了各种冲击，其影响和所遵循的规律又是什么？我们需要深入探究这些问题，从而做出相应的决策和选择。

2012年，我开始走访腾讯、小米、京东、阿里巴巴等公司，并观察深圳、杭州、广州、成都等地基于互联网创业的新兴创业群体。也是在这一年，我开始跟踪研究新兴互联网企业与传统转型企业，并出任一家大型传统农牧企业——新希望六和的CEO，由此开启了对中国企业数字化转型实践的观察与体认。与此同时，我沉浸在科学发展、生命与社会变迁、哲学思潮演进等领域的文献海洋中，探寻数字技术赋能下的企业成长方式。

在2012年至2023年的12年里，随着对外部世界变化认知的深化，以及模式识别能力的提升，以下一些重要概念或者认知帮助我

西贝尔.认识数字化转型[M].毕崇毅，译.北京：机械工业出版社，2021：1.

做出了相应的选择，并推动我们找到了企业数字化转型的解决之道，更促成我与秦子忠老师一起撰写《共生理念》。本书试图从组织发展的底层逻辑出发，揭示面向未知世界之时组织成长的内在基本规律。相关的重要概念或者认知如下所述。

共生功能体

也许是命运使然，在寻找新的思考视角时，我遇到了林恩·马古利斯（Lynn Margulis）和多里昂·萨根（Dorion Sagan）写的《倾斜的真理》[⊖]，其中的"共生和进化"引起了我的兴趣。2012 年前后，互联网企业与传统企业深陷"虚实之争"，前者认为自己是来颠覆后者的，而后者也担心自己被替代掉。"虚体经济"与"实体经济"被置于对立与竞争的状态中，似乎只有"你死我活"一种生存方式。但是，是否有另外一种生存方式呢？马古利斯的结论给出了另一种生存方式——"共生"。

《倾斜的真理》一书的第二篇"共生和个体性"尤其令我感兴趣。这部分内容对我来说很新鲜。马古利斯得出的结论是：现今生物细胞中的一些组分在历史上曾经是自由生活的细菌，比细菌大的生物都是通过细菌菌体合并而共生起源产生的超级生物体。所有真核细胞都是由至少四种不同细菌合并构成的复合体。第一种细菌是接纳其他细菌的宿主细胞；第二种细菌演化为作为生物能量工厂的

⊖ 马古利斯，萨根 . 倾斜的真理：论盖娅、共生和进化 [M] . 李建会，等译 . 南昌：江西教育出版社，1999.

线粒体；第三种细菌变为叶绿体；第四种细菌变为中心粒 - 毛基体。这一切将我带入了一个全新的领域，我正在试图理解"物种起源"之前的世界。

一个人身上有多少细胞？一个体重70公斤的成年人身上大约拥有37万亿个细胞，但是，如果算上与人体共生的古菌、细菌、真菌、原生生物，一个人身上其实有比37万亿大约多一倍的细胞。随着科学技术与科学仪器的进一步发展，如今人们发现，几乎所有的多细胞生物和一些单细胞生物都存在于某种共生关系中。这促使生物学家形成了一种新的认知模式，它不同于过去认为植物和动物"带有微生物群落"的认知模式，而是强调不同的生物都是一个统一的超有机体的微小组成部分，它们相互协调，构成共同进化的"共生功能体"（holobiont）。

马古利斯在创造"共生功能体"一词时深受两个案例启发：线粒体和叶绿体。线粒体存在于几乎所有真核生物中，通过分解葡萄糖、蛋白质、脂肪等产生能量。叶绿体存在于藻类和植物中，并参与光合作用。有文章称，在大约二十亿年前，线粒体和叶绿体的前身都曾是独立生存的细菌，以独立的身份和细胞打交道，而如今，细胞却成了它们的宿主。⊖

马古利斯的研究发现为人类打开了一扇全新的窗，即生物不是通过竞争，而是通过协作占领地球的。这是与达尔文的生存竞争进

⊖ 参见文章《共生功能体：生物学认知模式的转变》（https://worldscience.cn/c/2023-08-28/642983.shtml）。

化论不同的共生进化论，强调适应和协作的共生机制。马古利斯倡导的盖娅假说，是由英国科学家詹姆斯·E.拉夫洛克（James E. Lovelock）以古希腊女神盖娅的名字来命名的，隐喻着她是地球上所有生命的一个新的、具有稳定性的实体。生命类型的多样化和复杂化并不只是通过消灭其他生命形式来实现的，也可通过相互适应来实现。生命并不是消极被动地适应外部环境，而是能够主动形成和改造其所处的环境，或者说，生命创造了属于自己的环境。盖娅假说与达尔文主义持有完全不同的看法：达尔文主义遵循的是生存竞争的进化机制，强调自然选择的基本单位是个体或者基因；盖娅假说遵循的是适应和协作的共生机制，强调生物界共生的整体进化观念。

有意思的是，1966 年，马古利斯试图发表她关于复杂生命进化问题的观点性论文《关于有丝分裂细胞的起源》时，遭到了 15 种科学杂志的拒绝。当她的文章最后在《理论生物学杂志》（*Journal of Theoretical Biology*）上发表时，批评接踵而来——一种全新的、关于生命进化的叙事结构无法被接受。但是马古利斯仍然坚定地推进共生进化理论，在她看来，即便是在研究领域，她也认为"科学是一种要求许多有天赋的人参与的、本质上具有灵活性的认识事物的方法。无论是深刻的见解、发明还是世界性的新发现，单独的个体都不可能完成这一壮举"。[⊗] 马古利斯的许多著作都是由她和她的长期合作者——她的长子，哲学家多里昂·萨根共同完成的。马古利

⊗　马古利斯，萨根.倾斜的真理：论盖娅、共生和进化 [M].李建会，等译.南昌：江西教育出版社，1999.

斯严谨的科学研究，让叙述具备了坚实的说服力；而萨根凭借其哲学家的洞察力，让叙述具有人文气息和穿透力。随着科学研究的深入，马古利斯的如下观点愈加令人信服：作为生命史上一次重大的进化过渡，真核细胞生物的出现是共生起源的结果。而我们也从此开始真正理解生命本身的稳定性和整体性。

2023 年 1 月，伦敦帝国理工学院利弗休姆共生功能体研究中心（Leverhulme Centre for the Holobiont）创立，其核心成员均是"共生功能体"这一新认知模式的支持者。⬚

间断平衡

在与生物科学领域的学者们的交流中，我了解到了"间断平衡"（punctuated equilibrium）理论。该理论由美国古生物学家斯蒂芬·古尔德（Stephen Jay Gould）和奈尔斯·埃尔德里奇（Niles Eldredge）于 1972 年提出，强调生物的进化是渐变与突变、连续与间断的统一。

古尔德以间断性化石证据为背景，对达尔文的进化论进行重新解读。达尔文对生物进化持渐变论的观点，他认为生物个体在长时间的演化中，经过自然选择，其微小的变异累积为显著的变异，于是形成新的物种或新的亚种。按照渐变论的观点，一个新物种的化石应该有一系列连续的记录，但是在已经发现的大约 2 亿块化石中，

⬚ 参见文章《共生功能体：生物学认知模式的转变》（https://worldscience.cn/c/2023-08-28/642983.shtml）。

却找不到一些物种有关渐变记录的化石。关于化石证据缺失的问题，达尔文认为是化石记录不完善造成的。

但是古尔德认为，化石证据缺失本身就是证据，表明进化是一个突变的而不是连续渐变的过程。间断平衡理论认为，生物的进化不像达尔文所言是一个缓慢的连续渐变积累的过程，而是一个长期的、稳定的、渐变与短暂的、突变交替的过程，因而在地质记录中留下许多空缺。间断平衡理论并不否定渐变论，只是强调生物界不但有渐进式进化，还有在某种作用下跳跃式的加速进化，在物种建立之后又进入稳定的渐变。间断平衡理论强调变异的随机性和地理隔离对物种形成的必要性。它认为形成新物种的原因是个体突变，而突变是无定向的。只要对适应无害（即中性），就有可能闯过自然选择这一关，进而形成新物种。换言之，进化的过程是跳跃与渐进相间的，不存在完全匀速、平滑、渐变的进化。所以，有学者认为，进化的间断性使物种具备了四个周期性特征：出现、繁荣、灭绝、重复。

之所以试图理解间断平衡理论，是因为它提供了一个让我理解数字技术对社会进化产生影响的视角。尤其是间断平衡理论认为，大进化机制不是自然选择的结果，而是其他因素所致。受其启发，我们可以把数字技术理解为导致社会进化突变的因素。

我们以通信行业为例。曾有人问以太网的共同发明人、梅特卡夫定律的首创者罗伯特·梅特卡夫（Robert M. Metcalfe），什么是互联网时代的下一个"杀手级应用程序"（killer APP），他毫不犹豫地回答"永远在线"（always on）。"永远在线"，即"随时、随地、随意"地连上互联网。当沟通无所不在，信息无所不在，他人能在任何时间、任何地点找到你时，你的生活意义又将如何被界定呢？"永远在线"已然是一种完全不同的生活方式，一种完全不同的生存环境，一种不同于以往的社会形态。

我们见证了智能手机的出现和普及，以及由此而来的生活与工作方式的巨变；见证了新能源汽车的崛起、燃油汽车的窘境，以及汽车行业的重新洗牌；见证了短视频媒介出现带来的"个人直播"对商业终端的冲击，以及行业全新竞争格局的重塑；更见证了人们行为的变化，一个人的数字行为成为其生命的核心痕迹，并决定着他价值创造的可能性。

托马斯·西贝尔认为，"有证据表明我们正处在一场进化间断当中，见证着 21 世纪前期企业界的'大灭绝'。自 2000 年以来，《财富》世界 500 强企业中有 52% 的公司宣布破产或被收购、兼并。据估计，目前约 40% 的公司会在未来 10 年内倒闭。伴随着这些公司的消亡，我们看到一大批创新公司正在茁壮成长"。[⊖] 所以，在与传统企业的交流中，我会强调企业必须选择数字化转型，因为其决定着企业或"繁荣"或"消亡"。

威尔·杜兰特（Will Durant）曾说过，生物学赋予了历史三个教训。第一个教训：生命即竞争。竞争不仅限于经济活动，它还是生命存在与延续的核心动力，贯穿于生命进化与人类生活的方方面面。合作是真实的，它是竞争的工具或手段。第二个教训：生命即

⊖ 西贝尔.认识数字化转型 [M].毕崇毅，译.北京：机械工业出版社，2021：9.

选择。我们生来就是被动的和随机的，"自然"偏爱差异性。第三个教训：生命必须繁衍。"自然"极其喜爱大数量，因为量变是质变的先决条件；"自然"也喜欢众多挣扎者中的少数幸存者，但与个体相比，"自然"更喜欢群体。他最后总结道："历史是一位无出其右的幽默大师。"[　] 历史又给了我们体认生命共生的另一个维度。

后工业社会

阿尔文·托夫勒（Alvin Toffler）曾经预告"第三次浪潮"[　]的出现，以及由此带来的社会根本性变化。这对新技术带来社会变化这一主题的研究产生了巨大反响，也让我特别关注到"后工业社会"（post-industrial society）的研究。

"后工业社会"这一概念，是由美国社会学家丹尼尔·贝尔（Daniel Bell）在其《后工业社会的来临》[　]中首次系统阐述的。贝尔研究了在不断发展的信息通信技术背景下，人类经济结构的发展历史，以及隐藏在这些结构之下的哲学思想的演化过程。

该书的第三章"知识和技术诸方面：后工业社会中新的阶级结构"引发了我很多思考，也帮助我理解了彼得·德鲁克（Peter F. Drucker）提出的"知识社会"。该书第三章集中讨论了知识和技术

[　] 杜兰特 W，杜兰特 A. 历史的教训 [M]. 倪玉平，张闶，译. 成都：四川人民出版社，2015：28.

[　] 托夫勒. 第三次浪潮 [M]. 黄明坚，译. 北京：中信出版社，2006.

[　] 贝尔. 后工业社会的来临 [M]. 高铦，王宏周，魏章玲，译. 南昌：江西人民出版社，2018.

的各个方面，以及由此形成的知识社会的结构。贝尔首先指出，社会的变化正在加速，社会的各种规模也在迅速扩大，这两者是讨论知识和技术时的关键概念。他认为，技术一直是区分社会时代变化的主要力量之一，它以多种方式推动着社会发展。技术的变革决定了经济的创新与转型，而这种技术变革基本上是"组织层面"的，即涉及更好的方法和组织结构，从而提升了新旧资本的效率。在知识与技术的不断发展下，知识社会的结构形成了。新的以知识为基础的专业阶层兴起，形成"后工业社会的社会结构"。

贝尔以工业社会模式为基准，概述了前工业社会、工业社会和后工业社会的主要区别。在贝尔看来，前工业社会是人类与自然的斗争史，在这个阶段，人战胜自然，生产过程由人来完成。但人受限于自然环境的变化，人类高度依赖于自然，主要的稀缺资源是土地，拥有土地资源的地主成为统治阶级。工业社会是人类对自然的加工，生产过程主要依靠机械来完成，人类的活动节奏机械化，一切按照产品的生产和分配方式进行配置。在这种社会模式之下，主要的稀缺资源是资本，企业是经济活动的基本构成单位，企业管理者占据了主导地位。后工业社会的主要活动是人与人之间的服务，生产过程由信息推动，知识是最主要的资源，数据成为资产，知识工作者占据了主导地位。

贝尔认为，后工业社会是一个广泛的概括，可以从五个方面来理解：一是经济层面，由产品经济转变为服务经济；二是职业分布上，专业与技术人员处于主导地位；三是中轴原理方面，理论和知识处于中心地位，它们是推动社会革新与政策制定的源泉；四是未来方向上，要控制技术发展，对技术进行鉴定；五是决策制定上，要创造并应用新的智能技术。这五个方面的变化正是人类经济社会结构和社会互动模式根本性转变的体现，这种转变将对工业革命所形成的社会秩序造成影响，引领人类进入一个全新的时代，这个时代被称为"信息时代"。

当今时代，知识的传播和获取方式、人类的沟通和娱乐方式、产品和服务的提供方式，以及人类的生活和工作方式都将发生深刻的变化。在贝尔提出"后工业社会"这一概念时，我们今天所熟悉的个人电脑、互联网、个人终端、移动终端、在线社交等都尚未出现，然而今天，他所预测的正在一一成为现实。一方面，贝尔能做出如此准确的预测令人惊讶；另一方面，他的后工业社会理念是令我改变认知的关键，促使我关注知识的创造和传播方式的改变，并积极投身其中。

量子思维

丹娜·左哈尔（Danah Zohar）在《量子领导者》一书中提出了"量子管理"（quantum management）的思想，其核心依据是，从牛顿时代到量子时代，人类正在经历一次认知方式上的重大改变。无论是商界还是其他领域的领导者，都需要从根本上重构思维方式，以应对充满未知、复杂性和不确定性的未来。

左哈尔在书中分析了三种思维模式：第一种是牛顿思维，重视理性、逻辑、定律和控制，强调"静态"和"不变"；第二种是联想思维，重视情绪、感觉、记忆，不受限于规则，而是遵循"习惯"和"经验"；第三种是量子思维，强调创造性和反思，重视不确定性、潜力和机会，强调"动态"和"变化"。不同的思维模式决定了管理者的行为选择。面对环境变化时，量子思维可以帮助管理者在不确定中找到确定性。

在牛顿思维模式下，人们习惯于去理解明确的、有逻辑的、理性的或者符合科学范式的状态，坚信事物的发展是一个不断积累、循序渐进的过程；坚信通过逻辑和方法论，能够对事物的发展前景做出预测；坚信在一定的范围内，可以找到事物间的某种联系和规律；坚信可以认识某一时刻的世界状态，且相信它是相对稳定的。然而，真实世界的发展和状态并不是人们所坚信的样子，我们要面对很多未知和不确定的状态。真实的世界具有量子运动所表现出的不确定性特征。

正如尼尔斯·玻尔（Niels Bohr）的互补原理所强调的，在微观尺度上，物质的行为是不可预测的，并且测量一个粒子的性质会干扰其他粒子。玻尔在用他的互补原理解释波粒二象性时说过：粒子图景和波动图景是同一实在的两个互补描述，每个描述都只是部分正确，也只能适用于特定的范围。受其启发，我们可以这样去理解量子思维的特点，即世界在基本结构上是相互连接的，应从整体的角度去看世界，整体产生并决定了部分，同时部分也蕴含着整体的信息。

在钱旭红院士看来，牛顿思维强调精确的计划性，认为整体等于部分之和；量子思维强调主动的可能性，认为整体大于部分之和。他曾在一次讲座中引用《神秘的量子生命》^⑤一书中的观点——"不确定性是通则，确定性是特例"，并介绍了埃尔温·薛定谔（Erwin Schrödinger）在《生命是什么》^⑥一书中将生命世界界定为一个负熵系统。换言之，物质世界是从无到有，从无序中诞生有序，而生命世界是从有序中诞生有序。薛定谔的这一观点启发了 DNA 双螺旋结构模型的提出者，并为分子生物学研究打下了坚实的基础。钱旭红认为人类游走于量子力学世界与经典力学世界之间，不确定性、整体性、多态叠加是其特征。人的多重角色、多态叠加以及主体与客体的相互作用，是无法分割的。所以在他看来，世界 = 观察者 + 被观察者 + 相互作用关系^⑦。也源于此，他认为量子思维可以溯源到《道德经》与老子思维，特别是老子思维中的整体观，如"大制无割""无有入无间"等，以及《道德经》中的"致虚极，守静笃。万物并作，吾以观复。夫物芸芸，各复归其根。归根曰静，静曰复命"。由此，生命的唯一真相，就是未来有无限可能性。^⑧

借助于量子思维，我们可以感受到世界是波动和变化多端的，是跳跃和不连续的，而非渐进的；事物与事物之间的关系异常复杂，是预测不准的；人与人之间是多重角色、多态叠加和相互作用的。由此，我们可以更好地看到伊曼努尔·康德（Immanuel Kant）所界

---

^⑤　艾尔—哈利利，麦克法登.神秘的量子生命：量子生物学时代的到来 [M].侯新智，祝锦杰，译.杭州：浙江人民出版社，2016.

^⑥　薛定谔.生命是什么：活细胞的物理观 [M].张卜天，译.北京：商务印书馆，2021.

^⑦ ^⑧　钱旭红，等.量子思维 [M].上海：华东师范大学出版社，2023.

定的理性思维的局限性——它本质上倾向于二元思维方式，作为人类的认识手段，与现象世界相分离，只能认识现象世界而不能把握自在之物。[1] 这种二元思维方式无法真正把握复杂多变的世界以及内在于世界的人类。相比之下，量子思维是一种整体性思维，在它看来，人类连同其思维与世界实为一体。今天，我们以量子思维的方式来看待这个世界，也就是要认知到自己的局限性，认知到我们不可能准确预测未来，我们需要主动寻求各种机会，主动理解变化和不确定性，并以整体视角去看待变化，将变化视为机会，通过人自身的主动创造，把机会变为现实。

左哈尔在《量子领导者》一书中指出：所有 21 世纪新出现的科学，不论是物理学抑或生物学，都是整体性的。整体大于部分之和。世界并非由相互割裂且相互独立的部分组成，而是一个复杂的相互纠缠的整体。任意部分发生变化都会影响整体。量子物理学向我们展示了，宇宙实际上是由动态能量构成的。自组织的波形就像很多旋涡，每一个旋涡的边界都相互交织。[2] 这恰恰构成了无可限量的未来。

镜像世界

AI（人工智能）的出现，对人类的历史与生命进化而言，又是

[1] 康德.纯粹理性批判 [M].韩林合，译.北京：商务印书馆，2022.
[2] 左哈尔.量子领导者：商业思维和实践的革命 [M].杨壮，施诺，译.北京：机械工业出版社，2016.

一个临界点。2023 年 10 月 30 日，美国白宫发布了一项针对 AI 监管的行政命令，旨在保护美国公民免受 AI 带来的不良影响。这项命令以拜登 - 哈里斯政府发布的《人工智能权利法案蓝图》为基础，得到了 15 家领先科技公司的自愿承诺，以确保 AI 的安全和负责任的发展。这项命令的内容包括以下关键方面：开发者与政府的关系、安全性、AI 生成内容的水印标识、AI 网络挑战的应对、个人隐私保护、数据政策、防止 AI 歧视、人才吸引策略，以及保护受 AI 发展影响的工人。这项命令被称为"全球任何政府迄今为止采取的最强有力的行动之一"，究其根本，实质是 AI 对人类产生了难以想象的影响，甚至可能改变人类的生存。

2023 年 11 月 7 日，OpenAI 开发者大会召开。当 CEO 萨姆·奥尔特曼（Sam Altma）展示 ChatGPT 新版本时，其海量的知识储备、连贯的记忆能力以及在长文本阅读、输出方面的表现令人惊叹。大模型带来的智能涌现、开放的生态、更快的速度、更低的价格等，都以一种前所未有的方式，让个体能够更加自由、自主地存在。有人认为，这标志着一个解放时代的开启。

令人意想不到的是，2023 年 11 月 16 日奥尔特曼收到来自 OpenAI 联合创始人兼首席科学家伊尔亚·苏茨克维（Ilya Sutskever）的信息，约他第二天会谈。11 月 17 日中午奥尔特曼参加董事会会议，被告知自己将被开除。可是随后的几天里，围绕着这一突发事件发生了一系列戏剧性的变化，其涉及面覆盖投资人、科学家团队、OpenAI 董事会、微软，等等。而到了 11 月 19 日，微软 CEO 萨提亚·纳德拉（Satya Nadella）突然发文，宣布奥尔特曼以及跟随他离职的 OpenAI 前员工们即将加入微软，带领一个"新的先进 AI 团队"。随后，OpenAI 发布消息，称奥尔特曼重新回归。如何评价这几天的突变，以及未来会发生什么，已经超出人们的认知和想象。

这一系列的戏剧性变化可以归因为人类尚未做好与"硅基人"共存共生的准备。早在 2016 年，谷歌的 AlphaGo 打败围棋世界冠军李世石时，人们被震撼的同时也产生了畏惧，因为在一个关键的对弈步骤中，AlphaGo 已然展现出了独立思考的能力。2020 年，人们利用 AI 攻克了近 50 年来的生物学难题——蛋白质折叠，AI 与生命科学的共创展现了前所未有的成效。随着数字技术的迅猛发展、大数据和大算力条件的逐步成熟和完备，AI 正以不可思议的力量渗透到人们的生活、工作与学习之中。在我们身边的学者、学生、企业家、创业者纷纷拥有了"数字分身"。《自然》杂志每年从全球的重大科学事件中评选出十位年度人物（Nature's 10），2023 年度的其中一位是 ChatGPT，这是首次有非人类进入这个名单，由此可见 AI 已经对社会发展和人类发展产生了巨大的影响。人们一方面充满激情地投身到 AI 浪潮之中，不断探索和创造全新的可能；另一方面又忐忑不安，担心是否存在"AI 巨头'操纵我们的思想'，甚至 AI 发展出自我意识进而导致世界毁灭"。⊖ 在不经意间，我们开启了向未来看的模式，一切取决于对未知的理解和探索，不再是对已知和经验的依赖。

⊖ 李开复, 陈楸帆. AI 未来进行式 [M]. 杭州：浙江人民出版社，2022.

如何描述和定义这个未知的世界，凯文·凯利（Kevin Kelly）在《5000 天后的世界》一书中给出了他的答案，那就是"镜像世界"（mirror world）①。"到了那时，世间万物均可以与 AI 连接，现实世界与数字化完美融合，产生出 AR 的世界，即镜像世界。在镜像世界中，身处不同地点的人可以在全球实时构建虚拟世界。在这样的未来中，数以百万计的人可以同时参与一项事业。"②

凯文·凯利沿着数字技术的发展路径，总结出推进物理世界数字化进程的三大平台。互联网作为第一大平台，将全世界的信息数字化，使人们通过检索就可以找到问题的答案。社交媒体是第二大平台，它可以捕捉到人们的活动及其相互关系，并且可以将人际关系数字化。镜像世界是第三大平台，它能够将现实世界全部数字化，即将全新登场。

在镜像世界中，"历史"将变成一个动词，时间不再是一维的。凯文·凯利认为：关于镜像世界最基础的解释，就是"将有关一个地点的所有信息叠加在现实世界中，并通过这个方法认识世界的全貌"③。这将是一个四维的世界，对绝大多数人来说，这完全是一个陌生的世界。他强调：与 30 年后的我们相比，现在的我们就是一无所知。所以，我们要学会相信那些看似不可能的事情，要坚持终身学习，不断学习，始终保持一种"新人"状态；要能认识到机器会

---

① "镜像世界"是耶鲁大学戴维·杰勒恩特教授最先提出的。这一概念所表达的观念是虚拟世界与现实世界相重叠。美国导演史蒂文·斯皮尔伯格的电影《头号玩家》中就出现了类似的情节。

② 凯利 . 5000 天后的世界 [M]. 潘小多，译 . 北京：中信出版集团，2023：182.

③ 凯利 . 5000 天后的世界 [M]. 潘小多，译 . 北京：中信出版集团，2023：8.

越来越聪明，未来无论在哪个领域，都是人与机器的合作，都是最聪明的人与机器智慧的结合。而成千上万乃至几十亿人以合作的方式进行互动，共同协作将成为工作的常态，协作规模、互动的影响力将超乎我们的想象。

凯文·凯利应邀在《经济观察报》写给 5000 天后的人类世界的一封信中强调，他和 ChatGPT 一样，对未来的 AI 时代抱有信心。因为"面对技术的冲击，我们仍然可以对美好的生活寄予厚望。毕竟，无论什么样的技术变革，人都是最重要的主体。帕斯卡尔说，'思想形成了人类的伟大，我们的全部尊严就在于思想'"◎。2023 年 5 月，36 氪对凯文·凯利做过一次专访，最后两个问题的答案让我印象深刻。36 氪问："对您而言最为重要的或者您一直遵循的生活哲学或价值观是怎样的？"凯文·凯利答："善良，永远选择善良而不是正确；慷慨，我相信你付出得越多，得到得就越多；懂得感恩，我的很多成功其实都是源于运气。提倡和重视让这个世界变得更加开放，向更多选择和机会敞开。"36 氪问："如果让您用几个关键词来形容您的职业生涯的话，您会用哪几个词？"凯文·凯利答："学习（learning）和扩大选择（expanding options）。"◎

身处在 2024 年的变化之中，"共生功能体""间断平衡""后工业社会""量子思维"和"镜像世界"这些被我列入"未来已来"系列的观点，更显现出令人惊讶的前瞻性与洞见性。得益于对它们的

◎　陈白 .【卷首】想象决定未来 |AI 时代的人类意见 [EB/OL].（2023-12-22）[2024-12-30]. https://www.eeo.com.cn/2023/1222/621094.shtml.

◎　许纳 .36 氪专访 |"互联网教父"凯文·凯利：5000 天后的世界 [EB/OL].（2023-05-12） [2024-12-30].https://www.36kr.com/p/2254264449625991.

理解和消化，我才会去关注与组织管理相伴而生的变化。正如德鲁克所言，"未来的新社会一定是一个知识社会，而知识必定是其首要的资源，这就意味着新社会必定是一个组织社会（society of organizations）"。[⊖] 组织作为特定任务和具体目标的载体，既是人类的一种创造，也是人类实现梦想的手段。我们特别需要认识到的是，人类社会在每个发展阶段都是以整体方式演进的；今天及未来的科学技术更扩大了整体的边界，也许正因为这一边界拓展到机器与人一起协同创造，凯文·凯利才给自己提出建议：学习与扩大选择。

这样的事实，引发了三个相关问题：

- 如何整体地认识这个世界？
- 组织该如何发挥功能，或者说如何理解价值与意义？
- 确切地说，如果意义最大化是组织的目标，组织到底是什么样子的？

本书试图回答这三个问题。本书基于一项基本假设，就是人类正在经历重大变化，因此，与基于工业革命的组织管理观不同，本书是对基于数智革命的组织管理观变化的探讨。

2012 ~ 2023 年间，围绕着数字技术对企业管理实践的影响，我们进行了一系列的研究和总结，于 2015 年和 2017 年分别出版了《激活个体》和《激活组织》两本书，探讨数字技术对个体的影响，以及在个体价值崛起的背景下，组织如何与强个体共生激活。2018

⊖ 德鲁克 . 知识社会 [M]. 赵巍，译 . 北京：机械工业出版社，2021：4.

年出版了《共生：未来企业组织进化路径》一书，回答了数字技术与组织绩效的关系，阐释了在数字技术迅猛发展的背景下，影响组织绩效的因素由内部转向外部，组织需要找到新的进化路径。随后在 2019 年出版了《协同：数字化时代组织效率的本质》一书，聚焦解决组织效率新来源的问题，展开对组织内外协同共生的深化研究。2021 年出版了《价值共生：数字化时代的组织管理》，完整呈现数字化时代的组织管理内容，这是在前几本书的基础上的一次总结。同年出版的《数字化加速度：工作方式、人力资源、财务的管理创新》，则是聚焦回答工作方式、人力资源管理以及财务管理的数字化转型问题。2022 年出版了《协同共生论：组织进化与实践创新》，可以说是对前期研究的一个理论总结，在该书中我们首次提出协同共生管理模型，将管理演变推进到"共生型组织"阶段。2023 年出版了《组织的数字化转型》，作为对过去 10 年所出版的系列著作的一个整体总结，这本书从组织管理知识体系与实践案例两个维度，总体回答了组织的数字化转型问题。而随后出版的《数字时代的组织本质》则是对数字化生存背景下的人力资源相关关键问题的再观察和解答。

本书不同于之前的这些著作，它试图从哲学视角去看待组织管理的研究，我选择和子忠老师合作，因他是一位在哲学领域富有创见的学者，我们对很多问题有着共同的观察。本书由组织管理研究领域拓展而来（虽然依然是在回答组织管理的问题），尝试从一种世界观、一种整体论的哲学视角去看待组织及其管理的问题。事实上，在过去的 10 年里，甚至更早的时期，许多领域都发生了前所未有的变化，我们想做的，就是在这新旧交替的转折点上，深刻地理解组织的变化，并感知自己的行动选择及其影响。

杜兰特在《历史的教训》第四章"种族与历史"中写道："文明是合作的产物，几乎所有的民族都对此有所贡献；这是我们共同的遗产和债务；受过教育的心灵，都会善待每位男女，不论他们的地位多么低下，因为每一个人都对其所属种族的文明做出过创造性的贡献。"⊠

让我们一起寻求创造性的贡献，与世界共生。

⊠　杜兰特 W，杜兰特 A. 历史的教训 [M] . 倪玉平，张闶，译 . 成都：四川人民出版社，2015：41.

第一部分

PART Ⅰ

新世界观

最为重要的变化，应该是基本世界观
（fundamental world-view）的转变。

——彼得·德鲁克

—

The Philosophy of
Symbiosis

2023 年，有两部电影和一部电视剧引发了众人的关注和热议，它们分别是《奥本海默》（*Oppenheimer*）、《拿破仑》（*Napoleon*）和《繁花》。这三部作品都是大时代的缩影，无论是大人物还是小人物，无论是尊贵还是卑微，人们所要承受的都是基于各自价值观选择的结果。

克里斯托弗·诺兰（Christopher Nolan）执导的《奥本海默》讲述的是理论物理学家罗伯特·奥本海默（J. Robert Oppenheimer）在第二次世界大战期间领导研制原子弹的过程。影片中，玻尔对奥本海默说："你赋予了人类自我毁灭的力量，这个世界却毫无准备。"而在目睹核弹试爆后，奥本海默发出了一句感叹——"我成了死神，世界的毁灭者"（这句话出自印度教的经典《薄伽梵歌》）。诺兰在知乎上首次谈到《奥本海默》时表示，电影要表达的核心主题是"后果"。他表示，当科学界创造出一种新技术时，或许这个世界还没有为此做好准备。

雷德利·斯科特（Ridley Scott）执导的《拿破仑》，讲述的是拿破仑·波拿巴（Napoléon Bonaparte）从普通军官到一代帝王，最终兵败滑铁卢黯然退出历史舞台的人生经历，以及他与第一位妻子约瑟芬之间的爱情故事。斯科特执导的《天国王朝》广受赞誉并深入人心，《角斗士》也深受观众喜爱。在我看来，他在86岁高龄时执导的《拿破仑》，更能够完整地呈现出他的价值选择。但是，《拿破仑》这部影片的口碑呈现出两极化，特别是在片尾放出"谨以此片献给LULU"（LULU是斯科特走失的宠物狗的名字）一幕时，一些观众认为自己被戏弄了。然而，这可能是另一种致敬生命意义的方式，它超越了人类中心主义；也许这部电影正体现了他对人性的悲悯，超越了对胜利的膜拜。从《天国王朝》到《拿破仑》，一直未改变的是，他始终相信"爱是唯一的救赎方式"。

　　王家卫执导的《繁花》在2023年年底掀起热潮。有人说它是商战剧，有人说它是情感剧，还有人说它是大女主剧，无论什么样的观感，《繁花》都成功引发了很多人的时代共情，我也是其中一个。那是中国人在观念上遭遇重大冲撞的时刻，人们所遇到的都是新事物，一切都充满了冒险和机遇。剧中几位主角，跌跌撞撞，虽然不服输，但也需要运气的眷顾；在巨大的利益诱惑和压力面前，他们不得不权衡得失，面临诚信与担当的考验；伤害与误解交织，同理心与真心并存，他们彼此相助却又选择别离；对于该讲的或不该讲的，讲得清楚的或讲不清楚的，为难自己的或为难别人的，都选择"不响"——不做。《繁花》所呈现的时代，一切都在打破和重塑，风险与机遇并存，但是，又有多少人能够真正打破一切去做选择呢？剧中让我印象最深刻的一个场景是：陶陶眼睛红红地说出那句"翅膀我有的呀，飞得掉吗我"。人们都向往自由，却总是被某些东西绊住。

不过，与奥本海默、拿破仑、宝总等人生活的时代相比较，今天我们所生活的时代发生了很多变化：一些过去人们视为理所当然的事情，现在变得无法理解；一些从前未发生过的事情，现在频繁地发生；技术的进步与科学领域的拓展，将人们带入了一个前所未有的时代。而其中"最为重要的变化，应该是基本世界观的转变"[1]。彼得·德鲁克在《已经发生的未来》一书中谈到的基本世界观，是指"整体即部分之和"，这是现代西方的世界观，也称"笛卡儿式世界观"。根据笛卡儿式世界观，"我们可以通过识别、了解部分来获知整体"。[2] 这也是工业社会的组织方式和方法。而今，我们所看到的、所发现的、所未知的似乎都在一种新的框架之下，这些全新的概念与笛卡儿式世界观似乎并不相容，我们需要找到新的世界观。

[1]　德鲁克.已经发生的未来 [M].汪建雄，任永坤，译.北京：机械工业出版社，2019：2.
[2]　德鲁克.已经发生的未来 [M].汪建雄，任永坤，译.北京：机械工业出版社，2019：3.

第一章
CHAPTER 1

二元论及其局限性

要想找到答案，就必须进行极其认真
的自我剖析。

——凯文·凯利

　　探讨新的世界观，就不得不面对"二元论"，因为二元论是工业
社会最基本的认知模式之一，也是冠以"科学思维"训练而成的、普
遍的思维习惯。今天的困难是，如果我们继续沿用二元论的认知模式
和思维习惯来看待所处的世界，就会发现，很多看不懂、看不清的事
物萦绕在身边，甚至产生集体焦虑。在这里，我们无法以"不响"来
应对，而是要弄清楚其中的关键影响因素是什么，导致我们陷入困境
的原因是什么。这也是我们以二元论及其局限性作为开篇的原因。

一、笛卡儿的"我思故我在"

　　被誉为天才的数学家勒内·笛卡儿（René Descartes）是二元

论的典型代表。他认为，人类可以用理性来进行哲学思考，他相信理性比感官感受更可靠。他宣称，在被决定的自然物质的实在（res extensa）与人和所谓上帝的自由思想的实在（res cogitans）之间存在着普遍的分离。基于此，笛卡儿在物质与精神、身体与心灵、外在的自然与内在的意识之间做了区分，物质、身体和外在的自然是可以测量和比较的，并且最终可以通过数学法则来理解。

他从数学中发现四条规则：第一，凡是我没有明确地认识到的东西，我绝不能把它当成真的来接受；第二，把我所审查的每一个难题按照可能和必要的程度分成若干部分，以便一一解决；第三，按次序进行思考，从最简单的、最容易的开始，就连那些本来没有先后关系的东西，也给它们设定一个次序；第四，在任何情况下，都要尽量全面地考察、普遍地复查，做到确信毫无遗漏。这四条规则出自1637年发表的笛卡儿（也译作笛卡尔）最有名的著作《正确思维和发现科学真理的方法论》（通常简称为《方法论》）。⊖ 就如这四条规则所表述的那样，他提出了研究问题的四个步骤法。

有了笛卡儿的"方法论"，从机械到人体解剖的研究都得以广泛展开和深入，近现代的西方科学因此得到了飞速发展。伴随着科学技术的飞速发展，社会与经济的发展也得到了推动。从微观到宏观，曾经无法触达的领域现在也对科学探索开放，光学仪器、X射线、放射性元素可以用于探测人体内部，航空工程师拥有了"飞行能力"。

⊖ 笛卡儿.方法论[M].张旭，肖志兵，译.上海：上海译文出版社，2019.

宇宙中的两种不同实在

在笛卡儿看来，宇宙中有两种不同的实在，即思考（自由思想）和外在世界（自然物质）。他的名言"我思故我在"，不仅确立了"我"是一个独立于肉体的、有思维的东西，也确立了人类认识世界的坚实基础。由此，运用其提出的解析演绎的方法论，宇宙世界的图像便可被认知与复现。德鲁克认为，笛卡儿的贡献体现在两个方面：其一，笛卡儿为现代世界提供了有关宇宙本源和秩序的基本公理，可将之简述为"整体即部分之和"；其二，笛卡儿提供了运用基本公理对知识加以有效组织和探寻的方法，即建立了用以联系各类概念的普遍量化逻辑，并提供了一套通用符号和语言。[一]"200年后的凯尔文爵士据此将笛卡儿式世界观定义为'只要我能度量，便算我已知晓'。"[二]透过德鲁克对笛卡儿的总结，我们可以理解笛卡儿式世界观所隐含的两个观点。一是"部分决定整体"，人们可以通过识别、判断部分来获得对整体的认识。我们所熟悉的各个领域的开发方法，以及流水线、产业分工和企业分工，正是笛卡儿式世界观的产物。二是"由思知在"，人可以通过思考确知自己的存在。这个观点甚至被笛卡儿视为他所追求的哲学第一原理；他强调外部世界对人们认知的帮助是不可信赖的，他要从这个绝对怀疑中，引导出不容置疑的哲学原则——作为主体的"我"、思考者的"我"不容置疑。

笛卡儿认为，人的推理能够作为知识的来源，他强调应通过清晰明确的思考和推理来获得真理。他认为科学应该建立在严密的推

[一][二] 德鲁克.已经发生的未来 [M].汪建雄、任永坤，译.北京：机械工业出版社，2019: 3.

理之上。300 多年前笛卡儿提出这些观点，可谓是革命性、根本性的创新，给现代研究和实践提供了巨大的推动力和方法论指导。经由他发展的二元论，也成为人们认识自己与外部世界的普遍方法论。"在过去的 300 年间，不是伽利略和加尔文，不是霍布斯、洛克和卢梭，甚至不是牛顿，而是笛卡儿在决定着什么应该关注、什么比较重要、什么才是理性可行的！是他关于自己及自身所处世界的观点，划定了现代人的视野！"⊖ 现代社会的世界观无疑起源于他。

对笛卡儿的反思

　　然而，笛卡儿的理性主义也受到了一些批评。一些人认为他过于强调理性，忽视了感性和经验的重要性，还有一些哲学家认为他的思想存在一些内在的矛盾和问题。马古利斯与其合作者直接指出，"文化传统中的这种二元论对科学提出了持续的挑战。如果考虑到笛卡儿二元论（身体与心灵、物质与精神、生命与非生命）的局限性，那就不会对此感到惊奇：20 世纪两个最深刻的对生命及其来龙去脉的反思者都持有生物圈的看法，但他们的观点却是完全对立的。⊖ 俄国及苏联科学家弗拉基米尔·伊万诺维奇·维尔纳茨基（Vladimir Ivanovich Vernadsky）像描述矿物那样描述生物——称它们为'活的物质'，但是，我们的朋友和同事——英国科学家詹姆斯·E.拉夫洛克却认为整

⊖ 德鲁克.已经发生的未来 [M].汪建雄，任永坤，译.北京：机械工业出版社，2019：2.
⊖ 这里是指两位科学家在对地球生命的看法和研究重点上存在显著差异。维尔纳茨基主要关注人类智慧（尤其是科学知识）在改造自然中的作用，他并没有将地球本身视为一个生命体；而拉夫洛克则明确提出了"盖娅假说"，将地球视为一个具有自我调节能力的生命体。

个生物圈，包括岩石和空气，都可以被看作是活的东西"。⊖

维尔纳茨基和拉夫洛克都是地球科学家，他们从不同的视角出发说明生命远不是笛卡儿所说的那样。在维尔纳茨基的著作里，生命是共同流体的一种活动，这种流体就是我们称之为水（H_2O）的物质。⊜正如马古利斯所言，维尔纳茨基和拉夫洛克这两位科学家有着完全不同的观点，但是他们对于生命形式是活的东西这一点是统一的，非二元论的。有意思的是，生物化学家丹尼尔·科什兰（Daniel Koshland）在阐述大肠杆菌的精神倾向时，如此写道：

"选择""区别""记忆""学习""本能""判断"以及"适应"一般是我们用来确认高级神经活动的词语。但是，在一定意义上，细菌可以说具备上述每一种特征……如果认为这种分析仅仅是语义上的，那是不明智的，因为在分子机制和生物功能之间似乎存在根本的联系。……这样，本能和认知之间的区别就变成了时间尺度的事情，而非原则性的事情。⊜

随着科学与技术在各个领域的深入发展，人们有了越来越多的新的视角、新的发现、新的描述、新的叙事，同时也涌现出更多新的概念和新的术语。虽然这一切可能都是在沿用笛卡儿的理性主义和科学精神，更是"我"作为主体思考的结果，但是，我们也越发认识到，部分与整体之间、主观与客观之间、物质与精神之间、生

⊖⊜ 马古利斯，萨根.倾斜的真理：论盖娅、共生和进化 [M].李建会，等译.南昌：江西教育出版社，1999：224-227.

⊜ 马古利斯，萨根.倾斜的真理：论盖娅、共生和进化 [M].李建会，等译.南昌：江西教育出版社，1999：228.

命与非生命之间的界限似乎在发生演变、进化甚至是变革。为此德鲁克强调，"关于整体的概念在所有原则当中依然居于核心地位，不过如今它不再指部分之和，不再能够通过识别、感知、度量、预测、移动和理解各个部分来加以认识。"⊖

随着人类不断地进化与发展，我们开始意识到身心是不可分离的，是一个统一的整体功能。马古利斯等古生物学家的研究发现，"生命自它开端便有感觉，从一开始就能够选择、决定、感觉和思维"。⊖而此时，用对生命感觉的理解来替代笛卡儿式世界观的时刻到了。我们不仅仅与他人紧密地联系在一起，而且与世间万物紧密地联系在一起，形成一个生命共生体、命运共同体，二者不是两个不同的实在，而是整体的实在。无论"我"思如何，我们都必须意识到"我"以外的一切生命存在。我们必须理解，"我思故我在"的"我"是局限性存在的"我"，由"我思"而做出的行为选择，本质上是一种错觉。人类需要更新自己的世界观，找到与外界共生融合的方式，不再持有以"我"为主体的世界观。

二、哈贝马斯的交往理性

我们回到笛卡儿所处的时代去理解和感受：那时，欧洲战争和文艺复兴拉开了历史的大幕，战争、宗教、皇权、科学、技术等一

⊖ 德鲁克.已经发生的未来 [M].汪建雄，任永坤，译.北京：机械工业出版社，2019：4.
⊖ 马古利斯，萨根.倾斜的真理：论盖娅、共生和进化 [M].李建会，等译.南昌：江西教育出版社，1999：231.

系列复杂的社会元素交织在一起；从武器到工具，从纺织品到艺术品，纺织业、冶金业、造船业、印刷业等产业的发展，带来了工商业的发达以及新经济制度的兴起，新兴阶层也随之而生；如银行家、批发商、企业主等资产的拥有者，一方面努力进入贵族阶层，需要得到身份认同，另一方面，又希望打破旧贵族阶层，构建新的社会结构，伴随文艺复兴而来的启蒙运动应运而生。

人是机器，还是有意义和自由的人

自文艺复兴以来，人类理性得以从中世纪的神秘主义中挣脱出来，并且日渐成为改变人类行为方式及社会结构的思维形式，与此同时，西方世界也经历了从价值理性到工具理性的过渡。当康德赋予人类理性以自信时 ⊖，西方世界的理性发展已经沿着工具理性的道路走出了很远。而当马克思和恩格斯写作《共产党宣言》时，工具理性已深刻地推动了资本主义社会的发展。资本主义社会日益分裂为两大对立的阶级，一个是资产阶级，另一个是无产阶级。在马克思和恩格斯看来，得益于 18 世纪 60 年代的"生产力革命"，"资产阶级在它的不到一百年的阶级统治中所创造的生产力，比过去一切世代创造的全部生产力还要多，还要大"⊜，但是工具理性的资本主义运用在带来巨大生产力的同时，也导致了人类社会不平等的极化发展，以及资产阶级与无产阶级之间激烈的阶级斗争，这种斗争最终

⊖ 康德. 道德形而上学基础 [M]. 孙少伟，译. 北京：中国社会科学出版社，2009：47，60，63.
⊜ 马克思，恩格斯. 马克思恩格斯文集：第 2 卷 [M]. 中共中央马克思恩格斯列宁斯大林著作编译局，编译. 北京：人民出版社，2009：36.

可能摧毁资本主义社会。

与马克思和恩格斯的阶级革命角度不同，马克斯·韦伯（Max Weber）从行为合理化的角度，阐述了 16 ～ 18 世纪期间目的 - 工具理性行为在欧洲制度化的进程，并揭示了该进程中产生的问题。韦伯注意到目的 - 工具理性行为一方面令整个西方社会取得了长足的发展，即资本主义企业和现代国家机关等在组织模式上的一致性——生产手段的集中化；另一方面促使人们的其他行为如价值理性行为、情感行为、习惯行为边缘化，由此人随之变成了与其他商品一样可以进行交易的商品。在这一过程中，以工具理性行为驱动的社会分工与专业化促使了现代社会的形成——它表现为各种组织系统的分化，以及人的价值被分化为不同领域的价值。由此，人的意义在价值冲突之中丧失其根据，人的自由也受制于资本主义经济系统和现代国家官僚系统构筑的"铜墙铁壁"。⊖

从马克思到韦伯，这一过程折射了人类在反思高速发展的资本主义社会方面的深化，同时也揭示了现代化所带来的负面影响——人沦为机器大工业中运转的机器，人的目的性被其工具性吞噬。虽然马克思和韦伯生活在不同的时空，但是两人都在力图回答以下这些问题：为什么在物质积累加速的资本主义时代，人类的生活境况反倒会恶化？在资本主义时代，人类是否能够得到解放？不过对于这些问题，两人的诊断及提供的解决方案并不相同：马克思的诊断是这些问题源于私有制，相应的解决方案是激进的，是需要诉诸阶

⊖ 韦伯.经济与社会：第二卷 [M] .阎克文，译 .上海：上海人民出版社，2010.

级革命来解决的；韦伯的诊断是这些问题源于人的意义丧失和自由丧失，相应的解决方案是悲观的，是现代化本身无法解决的。

现代性困境：意义丧失与自由丧失

在吸收韦伯研究成果的基础上 [一]，尤尔根·哈贝马斯（Jürgen Habermas）重新审视了韦伯关于现代化的两个诊断——意义丧失与自由丧失。"意义丧失"和"自由丧失"是韦伯对现代性特征进行分析之后所推论出的现代性命运的两个方面。在韦伯看来，这两种丧失对个人来说构成了存在上的挑战。

对于"意义丧失"，韦伯认为是由理性化和理智化所导致的，因此人们难以对世界形成整体性的把握，也无法对世界、对人生终极意义的探索和思考进行沉淀和传承。韦伯在一次著名的演讲《学术作为志业》中说道："我们这个时代，因为它所独有的理性化和理智化，最主要的是因为世界已被祛魅，它的命运便是，那些终极的、最高贵的价值，已从公共生活中销声匿迹，它们或者遁入神秘生活的超验领域，或者走进了个人之间直接的私人交往的友爱之中。"[二] 对于"自由丧失"，韦伯认为相比于个人行为，组织行为具有较高的稳定性和可预测性。国家、机构、秩序一旦形成就不会消失，随着资本主义的兴起和发展，组织代替个人成为社会构成的基本单位，个人无法摆脱机构而生存，因而也丧失了自由。

[一] 艾四林.哈贝马斯思想评析 [J].清华大学学报（哲学社会科学版），2001（3）：6-13.
[二] 韦伯.学术与政治 [M].钱永祥，等译.桂林：广西师范大学出版社，2010.

　　哈贝马斯认为韦伯所描述的"意义丧失"与"自由丧失"的现象，在资本主义发展过程中不仅没有得到控制，反而愈演愈烈。"生活世界（life world）的发展受到现代社会里系统（system）的优势地位的损害。我们错误地将来自工具理性的标准应用于生活世界的问题中，以及应用于那些完好地存在于它们自己的社会领域的制度中。"哈贝马斯把这一过程称为"生活世界的内在殖民化"，并认为"自主化的工具理性的扩张"是导致这一过程的根本原因。哈贝马斯相信可以提出不同的解决方案，即在生活世界和公共生活（包括政治生活和经济生活）中实现交往理性。"生活世界的合理化必须与经济行为和管理行为的合理化或相应的行为系统的合理化严格区别开来，它包括三个方面的内容：文化传统、个体的社会化以及社会的一体化。"⊖

主体间性的交往行为是解决之道

　　在韦伯看来，经验世界的意义受制于超验世界，因而伴随着超验世界、形而上学世界观的解体，经验世界的意义也便在多元文化价值竞争中丧失其根基。但是在哈贝马斯看来，世界的分化并不会导致意义丧失，因为意义的根基不在于超验世界提供的同一性，而在于理性提供的同一性。据此，韦伯所谓的"意义丧失"不过是理性的实质同一性的丧失，这种丧失表现为世界分化为不同的文化价值领域。但正是这种多元文化价值竞争提供了一种自我反思，一种可以质疑不同文化价值领域的有效性要求（即命题的真实性、规范

⊖　哈贝马斯. 后民族结构 [M]. 曹卫东，译. 上海：上海人民出版社，2019.

的正确性、自我表达的真诚性）的可能性，从而使得在通过论证来兑现有效性要求这一层面上，理性的形式同一性在价值领域的多元性中得到了保障。⊖哈贝马斯主张将他的交往行为理论和话语伦理学运用于不同文化传统和政治的相互关系中，在各种文化价值之间实现符合交往理性的话语平等与和谐相处，反对任何强加于对方的行为。他一方面强调民族文化需要具有现代性，另一方面肯定现代性的民族特色需要被保存和尊重。在这里，哈贝马斯区分了理性的实质同一性和理性的形式同一性，并得出，目的-工具理性导致的价值分化及价值冲突只是导致理性的实质同一性的丧失，但理性的形式同一性，即交往理性，可以通过协调分化的价值而获得意义。

至于"自由丧失"，哈贝马斯同意韦伯的判断，即受不同组织系统（资本主义企业、现代国家机关等）的控制会导致自由丧失。但与韦伯不同，哈贝马斯认为这种丧失只是主体性理论及其制度化的一种结果，并且将之归结为目的-工具行为及其制度化所导致的主体间性被遮蔽、被侵占，即在各种组织系统的控制下主体间性不断沦丧，成为"主体-客体关系"的一种附庸和工具。相应地，哈贝马斯给出的解决方案是从"主体-客体关系"转向"主体-主体关系"，通过主体间性的语言沟通行为获得自由。

通过对韦伯行为合理性和社会合理化命题的系统性研究，哈贝马斯对韦伯抓住不放的基本问题——"资本主义现代化是不是一种合理化的过程？"的回答是，资本主义现代化是一种合理化的过程，

⊖ 哈贝马斯.交往行为理论：第1卷[M].曹卫东，译.上海：上海人民出版社，2018：311.

且是内含着现代性困境的过程，并且从理论上给出了解决途径，即聚焦主体间性的交往行为理论。由此，在克服现代性困境上，或者积极地说在实现人类共生上，哈贝马斯认为，交往理性作为一种建立在沟通和理解基础上的推理，能够通过共识和合作解决问题，并以此来克服现代性困境。

交往行为理论是人类在思考和寻求共生这一议题上的一次思想飞跃，它提出了扩展人类实现共生可能性空间的一种途径。但是，在理论上从"主体 - 客体关系"转向"主体 - 主体关系"并不意味着现实世界也同样实现了这一转向。事实上，在"主体 - 客体关系"等二元论已经深度融入人类认知方式的前提下，即便是哈贝马斯的核心范畴——交往理性，也依然依赖于符号语用学，因此也没有完全摆脱二元论的影响。为了便于看清这一点，我们有必要引入肯·威伯尔（Ken Wilber）的开创性研究。

三、两种认知模式

肯·威尔伯从东西方心理学视角出发，并在相对论与量子力学的启发下，辨析了人类所拥有的两种认知模式：二元论认知模式和非二元论认知模式。[一] 从思想史来看，这两种认知模式曾以各种各样的形式在不同的时间和地点被人们所认知。

〇 威尔伯 . 意识光谱 [M]. 杜伟华，苏健，译 . 沈阳：万卷出版公司，2011：34.

二元论认知模式

将宇宙万物分割为主观和客观的概念是西方哲学、神学以及科学的奠基石，可以说，我们今天所探讨和争辩不休的大部分重大哲学论题，早在古希腊时期哲学家们就探讨和辩论过，"这些论题中包括实相与谬误的二元论，这一学问被称为'逻辑学'；包括善良与邪恶的二元论，被称为'伦理学'；以及表象与本质的二元论，被称为'认识论'"。⊖总体而言，在整个西方的发展史中，二元论根深蒂固，它至少可以上溯至柏拉图哲学，而下启后续的思想观念，用阿尔弗雷德·诺思·怀特海（Alfred North Whitehead）的话来说："两千五百年的西方哲学只不过是柏拉图哲学的一系列脚注而已。"⊜

在道教、吠檀多派、禅宗等哲学传统，以及心理学等科学领域的研究中，我们很容易找到涉及二元论的论述，如本性与智慧、上梵与下梵、心与相、神性与人性、统一与对立、精神与肉体、空间与时间、物质与能量等范畴的论述。在相当长的时间里，二元论一直在人类知识生产系统中占据主流，非二元论作为一种亲证认知模式，因与近代以经典力学为核心的科学精神相抵触，或被视而不见，或被斥为非科学而被有意去除。直至 20 世纪量子力学的出现，二元论才开始受到挑战。随着科学与技术的发展，人们对人自身和宇宙万物的理解越来越深入，二元论的局限性日趋显现，非二元论的重要性得以凸显出来。然而，正如前面所述，二元论在西方哲学史上有着源远流长的传统，它至少可以追溯至古希腊哲学。我们所使用

⊖　威尔伯 . 意识光谱 [M]. 杜伟华，苏健，译 . 沈阳：万卷出版公司，2011：19.
⊜　怀特海 . 过程与实在：宇宙论研究 [M]. 李步楼，译 . 上海：商务印书馆，2012.

的许多范畴，如主观与客观、主体与客体、心与身、精神与物质等，都是源于二元论（二分法）。二元论在西方思想领域具有非常广泛的影响，在如今西方思维的主流分支中仍然根基深厚，因此我们无法通过思维自身将之连根拔起。破除二元论还需要来自思维之外的条件与力量。

人类与世界的整体关系

在文艺复兴运动推动的理性化进程中，经由大航海时代的探索与发现，起源于西欧而后波及全球的工业革命，最终浓缩为"目的 - 工具理性"这一极具影响力的二元论思维方式。相应地，这一思维方式的"成果"也以对立关系的形式呈现了出来。例如，在科学领域，科学观察取得的一系列进步是以完全排除观察者的感觉、情感为条件的，表现为科学思维与非科学思维之间的对立关系。在社会领域，生产力系统的进步是以大多数人遭受劳动奴役、丧失主体性为条件的，表现为富裕的资本家与赤贫的工人之间的对立关系。这些对立关系，正是哈贝马斯笔下的"主体 - 客体关系"在不同维度上的体现，也是他提出交往行为理论的缘由。该理论的核心是希望通过交往理性来超越工具理性，以此重建人类与世界的整体关系。

对于这一整体关系，哈贝马斯从语用学角度，把它视为行为者通过语言表达而与客观世界、社会世界以及主观世界之间建立起来的关系。"这样一种关系分别存在于表达与客观世界（作为一切实体的总体性，并使真实的表达成为可能）之间，与社会世界（作为一切正当人际关系的总体性）之间，以及与主观世界（作为只有言语

者才被特许进入的经验的总体性）之间。"[⊖]

换言之，哈贝马斯通过基于语言沟通的交往理性，使得被严重压缩为"主体 - 客体关系"的生活世界，再度还原为受三种不同的有效性要求制约的关系，即受真实性有效性要求制约的"主体 - 客体关系"、受正确性有效性要求制约的"主体 - 主体关系"和受真诚性有效性要求制约的"主体 - 自我关系"。哈贝马斯把世界分为三类——客观世界、社会世界和主观世界，这其实体现了三种不同的看待世界的角度。这三个世界构成整体关系，"主体 - 客体关系"只是其中的一个关系维度。

由于三种有效性要求都是通过语言沟通（它包括但不限于对有效性要求的质疑、论证、达成共识等）来进行判断和检验的，因此与诉诸权力或货币等媒介的行为理论相比，诉诸语言这一媒介的交往行为理论更能够实现挣脱"主体 - 客体关系"的结果，即挣脱占据主导地位的二元论关系模式。但是，我们还是需要清醒地认识到，语言表达本身就是一种符号化知识，因此依赖于符号化知识的交往行为理论依然是一种二元论，仍然没有完全突破二元论本身所具有的局限性。

二元论的局限性

那么，我们就先来看看二元论的局限性，并由此去寻找挣脱二元论的方法。二元论的局限性主要体现在两个方面。

　⊖　哈贝马斯.交往行为理论：第 1 卷 [M]. 曹卫东，译.上海：上海人民出版社，2018：131-132.

　　第一个方面是二元论自身存在着某些无法认知的方面。二元论从根本上将人类意识与宇宙万物相区分，因此"如果要通过人类意识这一媒介去认识宇宙万物这个整体，那么一定会有某些方面依然未知。在唤醒了符号化知识之后，在宇宙万物中的认知者与知识、思索者与思想、客观与主观之间仿佛就产生了一道分界线；而我们作为外部世界的认知者与观察者，其最深层的意识就最终逃脱了其自身的掌控，成为'未知''未显'以及'未得'之物"。[⊖]威尔伯引用了物理学家亚瑟·斯坦利·爱丁顿（Arthur Stanley Eddington）的一句话，来说明人们无法通过意识这一媒介来认识整个宇宙万物。这句话就是："当得到了这个世界上一半的知识时，也自然一定会忽略掉另外一半。"[⊜]

　　哈贝马斯想通过交往理性行为来挣脱二元论，但是，交往理性仍然是一种对象思维，它依赖于理性与理性对象之间的"二分"，因而无法看到理性自身的问题，就如眼睛可以看见其他的一切，但无法看见自身一样。就语言作为符号化知识而言，它只是真实世界的一种"地图"，按照哈贝马斯的交往行为理论可以产生无数个这样的"地图"，甚至"地图"与"地图"之间可以达成共识，但无数个地图也只是地图，并不是真实世界本身，不是实相。

　　事实上，"通过符号化的地图知识所呈现出的世界图景在不同的文化中都存在着极大的差异，而且在历史长河中同一文化下的不同人物之间也存在着这样的差异。不仅如此，我们有关实相的符号化

　　⊖⊜　威尔伯.意识光谱[M].杜伟华，苏健，译.沈阳：万卷出版公司，2011：17.

世界图景会随着有关实相的科学、经济以及历史思维的更新与修订而不断发生变化"。[一]因此，除非诉诸亲证认知，借由体验，否则我们难以真正体验到实相或真实世界，也难以体验到言语者与被言者、观察者与被观察者实为一体。[二]"语言的交流从最为宽泛的角度来看只是文字模式的传播罢了，说到底也只不过是'实相在幻觉镜子中的倒影'罢了。"[三]对于语言的交流，威尔伯的观点看起来有些悲观，但是也说明了如果以二元论的方式来看待世界，那些尚未被命名的世界就无法被我们所认知，同时我们也需要正视前面论及的内生于笛卡儿式世界观的问题；事实上，身心是无法分离的。

第二个方面是二元论内在地导致对立面的产生，并且自身无法解决其导致的对立问题。如前所述，二元论将认知的主观意识与被认知的客观事物相分离，然后用各种合适的符号来表示被认知的客观事物，基于它所形成的符号化形象形成了客观事物，并与作为认知主体的自我角色相分离，这就导致认知者从本质上感觉是与宇宙万物相分离的。由这种分离而来的分歧、对立、冲突在认知上内生于二元论，因而无法通过二元论自身来解决。当这些认知上的分歧、对立、冲突出现在现实世界，并且形成了相应的制度化体系（法律、制度，以及物质化的机构，如组织、军队、监狱等）之后，分歧、对立和冲突也便具有了其物质化的形式，同样，它们也不能通过物质化的二元论力量（作为对立存在的双方）来解决。另外，认知上的二元论与实践上的二元论是交互强化的，这使得真实世界的整体

[一] 威尔伯. 意识光谱 [M]. 杜伟华，苏健，译. 沈阳：万卷出版公司，2011：40.
[二] 薛定谔. 生命是什么 [M]. 罗来鸥，罗辽复，译. 长沙：湖南科学技术出版社，2007：128.
[三] 威尔伯. 意识光谱 [M]. 杜伟华，苏健，译. 沈阳：万卷出版公司，2011：46.

性容易受到遮蔽，人类实践也被诸多系统化活动所分化。在管理领域，我们就常常纠结于管理实践与管理理论之间无法对话的状态，管理理论更在意自洽，管理实践更在意有效，而有些时候自洽的理论在实践中却是无效的。在这里，管理实践是指第一现场的、实相意义的管理活动。

非二元论认知模式

让我们再来看看非二元论认知模式。非二元论认知模式直接面对的不是符号，而是实相本身，它不会将宇宙万物一分为二，更不会用逻辑的"铁丝网"过滤和编织一切，它与通过它所认知的事物是统一的。中国思想中的"天人合一""心外无物"等就是非二元论的，是经由体验来感知整体性存在的。诚如威尔伯所言，如果对于实相的非二元知识，我们感觉实相与非二元知识是相分离的，那么只不过是因为我们的语言太过二元化了。我们特别需要强调的是，世界上并不存在一个叫作"实相"的东西和另一个叫作"实相"的知识的东西，因为这是最严重的二元论了。我们需要时刻记住，非二元知识就是实相，它将"内容"当作了自己。[○] 如此，即便在后面的讨论中我们仍不得不屈从于已被二元论严重熏染的语言（因为除非我们恢复到符号化的二元论认知模式，否则我们无法将体验到的东西确切地描述出来），我们也不会轻易陷入二元论的陷阱。

哈贝马斯的交往行为理论明确地识别出二元论"主体 - 客体关

○ 威尔伯. 意识光谱 [M]. 杜伟华，苏健，译. 沈阳：万卷出版公司，2011：42-43.

系"的分离性，以及它对完整的人与世界之关系的窄化与对立化，并试图从主体间性的语言沟通出发来消除这一窄化和对立化，希望借助交往理性来综合被二元论分化了的多元价值。"但是说到底，'累加各种碎片'和'分割为各种碎片'一样都不过是一种'聪明的权宜之计'罢了。"[⊖]人们越来越认同，真实世界是无法被分割开来的，它自身就是一个整体。哪怕是那些所谓"被分割出来的部分"，它们不仅是整体的一部分，同时各自也是一个整体。由此而言，所谓的累加或分割只是符号化知识意义上的，它并没有触及实相或真实世界。不过，哈贝马斯的深刻正是在于他并没有停留在对真实世界的彻底批判之上，而是深入反思批判理论的合法性问题，进而发现长期被边缘化的主体间性（主体 - 主体之间的关系），并在语用学上深度地把语言沟通与人类解放关联起来。

语言是人类交往最根本也最合乎人性的媒介之一，正如马丁·海德格尔（Martin Heidegger）所言，语言是存在的家。这不禁让人想起那句充满美感和浪漫情怀的句子："人要诗意地栖居在大地上。"这一句子出自浪漫主义诗人弗里德里希·荷尔德林（Friedrich Hölderlin）的《人，诗意地栖居》一诗，因海德格尔在自己的著作《诗·语言·思》[⊜]中对其加以哲学阐释而广为人知。海德格尔特意从荷尔德林的诗歌中摘出 5 段诗句。这 5 段诗句的前 4 段分别阐述了诗、语言、人、思与存在之间的至情至性、至亲至近的关系，最后，落实到第 5 段诗句："充满劳绩，然而人诗意地 / 栖居在这片大地上。"[⊜]阅读到这

⊖ 威尔伯.意识光谱 [M].杜伟华，苏健，译.沈阳：万卷出版公司，2011：42-43.
⊜⊜ 海德格尔.诗·语言·思 [M].彭富春，译.北京：文化艺术出版社，1991.

样的诗句、这样的语言，读者可以沉浸其中并与之融为一个整体。我们借助这样的体验，可以感受到，哈贝马斯的基于主体间性的交往理性挣脱了目的 - 工具理性这一二元论思维框架。虽然它还是严重依赖于语言媒介，忽视体验媒介，没有完全挣脱二元论，也没有充分关注亲证认知模式及其意义，但是，当我们看到这样充满诗意的语言时，我们真切地体会到了人与大地（客观世界）、栖居（社会世界）和诗意（主观世界）三种关系所构成的浪漫（整体关系）。

第二章

CHAPTER 2

互为主体的条件

……我在这个世界上并不孤单,因为还有他人陪伴在周围……我通过分享自己的未来,从而拥有了他人的未来。

——威廉·弗卢塞尔(Vilém Flusser)

事实上,哈贝马斯的交往行为理论详细论述了资本主义现代化进程中经济运行系统、行政权力系统、社会控制系统等诸组织系统导致生活世界的分化、独立化与对立化。哈贝马斯认为,"与一种很少区分的社会体系最初共处的生活世界,越来越多地下降为一种与其他下属体系并行的下属体系。……这些下属体系按照韦伯的判断,与它们的道德实践相对而独立化了"。⊖ 这些下属体系"在现代社会中密化和物化为摆脱规范的结构。针对形式组织化的,通过交换过程和权力过程控制的行动体系,成员相互对待如同对待一种自然发展的实在——在目的合理的行动的下属体系中,社会成了第二自然界。"⊜

⊖⊜ 哈贝马斯.交往行为理论:第 2 卷 [M].洪佩郁,蔺青,译.重庆:重庆出版社,1994:206-207.

在这样的社会结构之中，这些下属体系不再关注体系中人的感受，脱离了以理解为基本方式、以达成共识为基本目的的交往理性，脱离了对价值追求的过程，从而使生活世界对立化了，即"合理化的生活世界促使下属体系的形成与增长，这种下属体系所发出的独立指令，又破坏性地反映在它自身身上"①。人类个体在分化、独立化、对立化的各种组织系统作用下，被置身于互为客体的关系之中，人与组织系统都成了工具。如何解决这一困境呢？如何消除这种分化、独立化与对立化？哈贝马斯试图给出解决方案，其方案的核心思想是用交往理性的合理化替代工具理性的合理化。但是，在生活世界已经被各种组织系统"殖民化"的前提下，并不能单凭交往理性的合理化摆脱这一"殖民化"。

解决这一困境的关键是，如何回归到共识之中，如何让人人具有主体价值？人与各种组织系统不应该是主体-客体关系，而应该是互为主体的关系，这样才会有一个共处的生活世界，一个合理化的生活世界。哈贝马斯确实从多方面阐释了他关于交往理性的合理化和生活世界的合理化的构想，对于这一点，有关研究学者概括为：

一是强调语用学的功能，突出平等的、非强制性的言语交往、协商、商谈的交往功能；二是针对生活世界内在的传统规范引入反思的机制，建立起深层的或批判的阐释学，为交往理性的合理化奠定更为合理的基础；三是强调以相对独立的公共领域保证大众的民主参与，建立分散的民主机制，通过公共领域的平等、自由的商谈

---

　　① 哈贝马斯.交往行为理论：第2卷[M].洪佩郁，蔺青，译.重庆：重庆出版社，1994：245-246.

和对话形成基于公共论辩所产生的意见一致，并通过共同舆论控制经济和政治系统权力，防止系统对生活世界的干扰和侵蚀。[○]

但是，这种构想只是一种理论，至于如何在现实世界中实践，在哈贝马斯那里并没有得到充分论述。在资本主义世界体系的"中心 - 边缘结构"这一事实前提下，生活世界以一种互为客体的关系方式存在着，其中既存在马克思所揭示的主体异化问题，也存在追求利益最大化的工具理性所引发的冲突问题。哈贝马斯以理论批判方式触及的"现实"，更多的是符号化世界的现实，作为一种理想理论，这种构想充其量只是提供了一种方向。当世界上大多数人还置身于资本主义世界体系时，生活世界中互为主体的关系，其实现过程既遭受到认知模式上二元论的挑战，也遭受到"中心 - 边缘结构"的阻挠与扭曲，因此哈贝马斯的主体间性或交往理性，或者更一般地说，互为主体，其条件至少需要在认知模式上超越二元论，并且需要在实践上超越互为客体的关系。

一、超越二元论

20 世纪初物理学上的相对论与量子力学的诞生及发展，为人类超越二元论提供了理论基础。只是在相当长的一段时间内，人们尚未广泛认识到这两种理论在哲学社会科学领域的价值。

○　衣俊卿 . 西方马克思主义概论 [M]. 北京：北京大学出版社，2019：258.

物理学领域的主客观一体

阿尔伯特·爱因斯坦（Albert Einstein）开创的相对论揭示了能量与质量的相互转化，以及物体运动与时空的交互关系。爱因斯坦的相对时空观更正了牛顿的绝对时空观，阐述了物体运动会引起时空变化，以及大质量物体会导致其周围时空的扭曲形变。在相对论提供的整体视域中，曾经看似互不相关的物理规律，在经过适当的坐标变换，或选取与参考系无关的物理量来表示后，实质上被证明是等效的。换言之，物理规律的形式从人类角度来看，或者从不同参考系的选择来看是相对的，是可以相互转化的，但从纯粹的物理角度来看，它们是同一规律。[⊖]

另外，由玻尔、海森堡、薛定谔等人共同开创的量子力学揭示了量子运动的不确定性，任何测量都不可避免地会干扰所观察的对象，且遵循海森堡的"测不准原理"。在此之前，人们一直都在主观与客观的二元论道路上前行，也一直遵循着牛顿力学，并延伸到了亚原子物理的世界中。然而，"有一天量子被偷偷地带到了这个世界之中，人们发现经典物理学庞大而堂皇的华美宫殿在它最底层的地基之上摇摇欲坠。在知识史中几乎不曾有过能与之相提并论的剧变"。[⊜]

整个华美宫殿的地基，正是主观与客观的二元论。"在这一理论中，真实的东西必须是能够被客观地观察和测量的，但是这些'终极实相'本身在任何环境下都无法被完全地观察或测量……客观测

⊖　爱因斯坦．相对论 [M]．曹天华，译．北京：新世界出版社，2014：200．
⊜　威尔伯．意识光谱 [M]．杜伟华，苏健，译．沈阳：万卷出版公司，2011：25．

量和验证再也无法成为绝对实相的标志，因为被测量的客观对象永远不可能与进行测量的主观意识完全分离——被测量物和测量者、被验证者和验证者，从这一层面来看，它们是完全相同的一体。主观无法调整客观，因为主观与客观最终都是完全相同的一体。"⊖

意识领域的主客观一体

相对论和量子力学的诞生与发展，让人们从具有认知倾向的理性世界，逐步进入到理性自身所属的意识领域。一位年仅 25 岁的数学家库尔特·哥德尔（Kurt Gödel），几乎在与量子力学诞生的同一时期，提供了一份严谨的数学证明，证明了任何复杂的推理体系都不可能建立起逻辑的连贯性，如今这一证明被称为"不完全性定理"（incompleteness theorem）。威尔伯为此写道："在物理学世界的最深处，有着测不准原理；而在精神世界的最深处，有着不完全性原理。这两者有着相同的隔阂，都是逃避着自身的宇宙万物，都有相同的'遗漏掉的东西'。当科学以主观与客观的二元论为起点时，它就已经选错了起点，而到了 20 世纪的前 10 年，它已经步入了毁灭的边缘。"⊖

在意识领域，神经元的活动具有量子活动的不确定性，遵循"测不准原理"，它具有完整性，以及它与它所认识的事物是统一的。由此，"我们可以着重指出不同的认知模式对应着不同的意识阶层，从而将这一认识论的讨论转移到更为心理学的基础之上，这样就能

⊖ 威尔伯.意识光谱[M].杜伟华，苏健，译.沈阳：万卷出版公司，2011：26.
⊖ 威尔伯.意识光谱[M].杜伟华，苏健，译.沈阳：万卷出版公司，2011：27.

将意识光谱中各个带区分开来并易于认识。不仅如此，我们的个人身份也与我们所处的意识阶层紧密相连。从而，我们认知模式的转换也会导致我们根本认同感的转换"。[⊖] 在《意识光谱》一书中，威尔伯将各派心理学综合在一个与现代物理学精神相通的意识光谱理论框架之中。关于意识光谱的演化，即认知模式与意识阶层的对应关系以及认知模式转换与根本认同感转换的对应关系，威尔伯做了简要而清晰的概述[⊖]，如下：

实际上，对于一切暂时的现象而言，都具有"纯心性"（mind-only）、"全包容"、非二元、无时间的根基，这是"没有混乱的结合"，是一种"没有二元对立，但并非没有联系"的"实相"。在这一"阶段"上，我们认同"一切万有"（all），我们与宇宙万物的基本"能量"（energy）是一体的。这就是我们常说的意识的第一阶层，"大心境界"（level of mind）。但是，根据二元论的思想，我们通过"玛雅"（maya）带来了幻觉的二元对立或者分割，"从一个世界中创造了两个世界"。这些分割并非真实的，而只是表面上的，但是在人类的所有行为方式中，这些仿佛就是真实的。因此在受骗上当之后，人类就紧紧地抓住了最初而原始的二元论，也就是有关主观与客观、自我与非我，或者只是机体与环境的二元论。这时，人类就从对"一切万有"的宇宙认同转变成了对其机体的个人认同，自此我们就产生了第二种主要的意识阶层——存在阶层，即人类对其机体产生的认同。

———————
⊖ 威尔伯.意识光谱[M].杜伟华，苏健，译.沈阳：万卷出版公司，2011：43.
⊖ 威尔伯.意识光谱[M].杜伟华，苏健，译.沈阳：万卷出版公司，2011：43-44.

通过二元论，人类的分裂正如同向上盘升的螺旋线一般继续进行，以至于大部分个体甚至都不认同其拥有的机体。我们并不会说"我是一个肉体"，而会说"我有一个肉体"，而这个"有"肉体的"我"被我们称为自己、自我。此时，人类的认同从其完整的机体转变成了他的自我，于是我们产生了第三种主要的意识阶层，即自我阶层。继续在二元论的螺旋线上爬升，人类甚至会试图否认其自我的一些令人不快的方面，并试图拒绝那些他自己不想要的方面进入他的意识。于是人类的认同再一次发生了转变，这一次成为他自我的某些方面，从而产生了第四种光谱阶层，我们将这一阶层称为阴影层。

至此，我们就得到了意识光谱的进化。打个比方，光谱的每一阶层都代表了对于"绝对主观"的表面认同，它将某一套客观对象与一切其他客观对象对立起来，而每出现一种新的光谱阶层时，这种认同就变得越发狭隘而排他。当然，光谱本身含有大量的带区和阶层，但是我们从中挑选出了几个主要的阶层，因为它们极易识别。

简言之，在二元论压抑投射（dualism-repression-projection）的螺旋线上升进程中，意识光谱在经由初级二元论、次级二元论等多次二元论之分割后出现不同的分层，即大心境界阶层（宇宙万物一体）、存在阶层、自我阶层、阴影层，以及介于各层之间的地带，即超个人带、生物社会带、哲学带，并且每一主要的二元论都会导致认同感的逐渐减弱和受限制，从宇宙万物到人类集体，再到个体自我，最后到部分自我，其结构图式如图 2-1 所示。

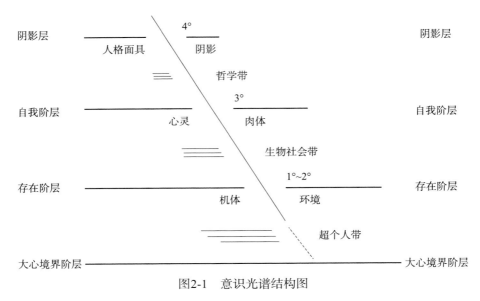

图2-1　意识光谱结构图

资料来源：威尔伯.意识光谱[M].杜伟华，苏健，译，沈阳：万卷出版公司，2011：145.

　　从意识光谱结构图式来看，大心境界阶层是非二元论的全然整体，之后的阶层经由玛雅这一看似真实的创造、实则"伪装"的幻觉创造的二元论过程，全然整体的非二元对立被压抑住了，并将之以二元对立的形式投射出来。每一次二元论的出现都伴随着一种压抑投射，并且产生一种新的光谱阶层。初级二元论出现时，压抑了"大心境界阶层"，并将之投射成了机体与环境的对立，人类的认同从"一切万有"转向机体。当人类认同其自身的与环境相对的机体时，就产生了"存在阶层"。在人类唯一认同其机体并且开始了有关存在与虚无的幻觉辩论时，他就难以忍受机体的消亡，无法接受其眼中的死亡。这就引发了次级二元论，它将生命与死亡的统一切断，并将它投射成生命与死亡之间的战争。人类从死亡中的逃离就是从其肉体的逃离，追求不朽、不受腐蚀和衰败影响的心灵，并因此创造出了第三级二元论压抑投射，即机体被切断，其统一受到压抑，然后投射成了自我（心灵）与肉体的对立，而这标志着"自我阶层"的出现。在"自我阶层"上，人类在自身的自我之上强加了一种二元论或者分割，压抑了他所有自我趋向的潜在统一，并将它们投射成人格面具（即"不准确且受到污染的自我形象"）与阴影之间的对立。[⊖]

　　意识光谱深刻揭示了人类意识的内在结构特征，以及各派心理学纷争的根源。意识光谱是整体主义的，它为我们超越二元论提供了直接的方法论。意识光谱起到了"归零作用"，它让我们对自己长期坚守的信念拥有彻底的反思能力，并且体验到符号化信念的边界性，以及意识到任何以对立形式出现的信念不过是幻觉。意识光谱勾勒出了人类所经历的主要意识层次和结构，正如前面介绍的那样，意识的六种主要阶层和地带分别为阴影层、自我阶层、生物社会带、存在阶层、超个人带以及大心境界阶层，每一个阶层都有它自己独特的二元对立和幻觉，而每一次的二元论都会导致认同感的逐渐减弱。"看破二元论符号化知识带给我们的幻觉，从而在真实的世界中被唤醒。因为这一真实的世界整体上是不存在对立面的，它显然不是可以被定义或者抓住的东西，因为所有的符号都只有从它们的对立面来看才具有意义，然而真实的世界是没有对立面的。"[⊜] 所以，威尔伯强调只有当我们用整合的眼光来看待这些阶层时，才能不被符号化知识带给我们的幻觉所影响，才能从阴影碎片中挣脱出来，到达大心境界之地。

　　⊖　威尔伯.意识光谱[M].杜伟华，苏健，译.沈阳：万卷出版公司，2011：120，122，124，137，140.

　　⊜　威尔伯.意识光谱[M].杜伟华，苏健，译.沈阳：万卷出版公司，2011：74.

可以说，威尔伯的意识光谱理论是一个"大统一理论"（即把外部环境最终还原到意识上），它促使我们去发现存在的不二本质，为超越二元论提供了一种解决之道。但是，意识光谱理论在根本上只是对人类心理的一种整体性描述，以及人类个性作为一种意识的多层次表达，它既没有赋予外部环境独立的位置，也没有描述人类心理与外部环境之间的动态关系。

所以，我们对威尔伯的意识光谱理论的异议，尤其体现在当我们使用"人类心理与外部环境之间的动态关系"的表述时，仿佛倒退到二元论之上。因此，我们有必要做一些补充说明。出于人类个体生理机体构造的原因，人体需要与外界进行物质、能量、信息的交换，人体有着真实的边界，并且这一边界处在变动之中。人类个体从受精卵开始，到脱胎成长为完整的人，这一过程不仅是边界的变动过程，也是人体运动方式的变化过程，从受精卵尺度的量子运动到成人尺度的非量子运动；作为成人的人体运动兼具"身心二象性"，即身体运动（肢体活动）遵循牛顿力学规律，心灵运动（脑电波活动）遵循量子力学规律。由此来看，并非所有关于边界的表述都是二元论，除非是那些忽视整体并把边界固化下来的表述。就人类生命体的交流而言，非符号化的体验也是一种形式，但它不能直接传递或呈现给其他生命个体，它要显现出来，需要借助符号化进行表达（语言、文字、手势、肢体等）。威尔伯的意识光谱理论就是一种符号化表达，它不是二元论，而是从根本上试图瓦解二元论的。但是由于符号化表达容易受到二元论的侵染，因此在任何借助符号化表达的语境中，都不可避免地带有二元论的痕迹。就符号化表达的运用而言，真正重要的不是它自身的二元论痕迹，而是在运用中自觉承认亲证认知模式，也就是非二元论知识的首要性。

威尔伯的意识光谱理论，只是对意识演化做了一种结构主义的描述，是一种静态的整体主义。这种整体主义帮助人类认识到自身陷入互为客体的关系的深层心理根源，但它不能同时把握变化的外部环境与变化的人类心理（及行为）之间的动态关系。事实上，在已经被二元论分割的人类生活世界中，在人们所习惯的符号化世界中，意识或认同感的瞬间转换并不意味着物质化世界体系会随之瞬间重构，我们不应当无视人类与外部环境之间的边界性。在把握人类个体与其所处外部环境的实质性组织交互关系之上，我们需要动态的整体主义。动态的整体主义，就其视域而言，是由相对论和量子力学共同揭示的流变时空观；就其实质而言，是物体能量大小（速度大小）与时空之间的交互关系，即一种互为主体的关系。

二、超越现代世界体系

如前所述，哈贝马斯和威尔伯等人帮助我们在思想和意识层面找到了超越二元论的出路，即回归宇宙万物的整体性，构建一种互为主体的关系。但是，他们所探讨的整体性是一种思辨的、静态的整体性，而人类处在现实的、动态的整体性之中，人类个体所处的环境无时无刻不在变化，如何在真实的社会活动中超越二元论，构建互为主体的关系，则是接着下来我们要探讨的内容。

在现代物理学之前，人们想当然地把时空理解为"绝对时空"，即把空间理解为具有无限延伸的广延性，把时间理解为一维的且具有无穷而均匀流逝的连续性，在其中，物体运动既不会改变空间，也不会改变时间。爱因斯坦的相对论提出后，人们注意到绝对时空仅是一种想象。在相对论中，总是用四维方式来观察这个"世界"，因为按照相对论的观点，时间已经不再具有独立性。[⊖] 依据相对论，时空与物体运动连在一起，大质量的物体对时空是有影响的。这就是光为何经过大质量的星体时会发生弯曲。由此而来的一个推理是，如果人类的能量增大至一定程度，那么它势必会影响其所生活的时空。

世界一体化进程：共生理念的出现

在相当长的时间里，人类的自身能量非常小，难以影响物理时空。人类不仅深受自然环境的影响，也几乎被自然屏障所分隔。大航海时代之后，现代资本主义世界体系在西欧诞生而后向世界其他地区拓展，推动了世界的一体化进程。追求利润最大化的资本主义生产方式引发了技术的迭代发展，而后者深刻地改变了人类的时空观念。从时间上看，生产相同数量的产品，蒸汽机驱动的流水线比畜力驱动的手工作坊所用的时间更短；从空间上看，在相同时间内汽车比马车行驶更远的距离，空间仿佛变小了。时间变短与空间变小，实质上是因为人类群体的能量变大，从而能够对时空施以一定

⊖　爱因斯坦 . 相对论 [M]. 曹天华，译 . 北京：新世界出版社，2014：101.

的影响。从作为整体的时空演进来看，社会时空从物理时空中衍生出来。人类群体借助自然之力，使得自身的能量越来越大，并因此而影响社会时空。与物理时空不同，社会时空是由人类能量增长而形成的，它的整体秩序具有一定的人为特征，因而也是人力可以改变的。诞生于 16 世纪并延续至今的现代资本主义世界体系，作为人类社会生活空间的一个子集，也会随着新思想的出现、新技术的发明与运用而发生更替。

当前在数智技术的作用下，人类交往活动从社会时空延展到数字时空，且后者发展的速度已经接近光速。这是信息社会的本质特征。根据科学研究得出的结论，在物理世界中，当物体的运动速度接近光速时，牛顿定律就不适用了，而是需要用爱因斯坦的相对论来进行解释。同样地，当人类社会从物理时空进入数字时空乃至虚拟时空时，基于物理时空的叙事方式也无法诠释新现象，甚至无法解释新时空运行的规则和概念，因而生活在新时空的人类需要新的哲学理论。这一新哲学的核心理念，其形式是整体性的或结构性的，其内涵是共生性的或连接性的、融合性的。为此，我们把这一新哲学的核心理念简称为共生理念。我们从物理学理论演进层面触及共生理念的底层逻辑。这一共生理念，伴随着信息数字社会的发展，会在人类社会中获得它的现实性、世界性，即它从观念的理论形态变成现实的制度形态。

但是，由于现存的世界体系不会自动解体，其解体的过程也不会一蹴而就，因此新哲学的现实性、世界性的落实过程，会经历一个扭曲的、伴有剧烈冲突乃至战争的过渡时期。下面，我们从现代世界体系的基本结构以及活跃在其中的组织的目标这两个方面来阐释这个过渡时期，由此阐释互为主体的环境条件的诞生过程。

现代世界体系的基本结构以及活跃在其中的组织的目标

现代资本主义世界体系诞生于西欧，随后向世界其他地区拓展，并把后者作为自己的外部市场。在这个进程中，以西欧为中心、其他地区为边缘的现代世界体系日趋成熟。[一]从历史的角度来看，现代世界体系中的中心出现数次位移，从荷兰到英国再到现在的美国，但"中心 - 边缘"的不平等国际关系并没有发生实质性的变化。当前以美国为首的西方中心国家，依然通过这一不平等国际关系汲取亚非拉地区边缘国家的财富，以维持西方的经济社会发展。它们把自己作为中心，也就是主体，而把其他国家作为边缘，也就是客体，以"主体 - 客体关系"来构建世界运行体系，并以此来配置和分配世界资源，从而维持自己的经济社会发展。在美国主导的世界体系中，美国霸权是建立在零和博弈基础上的，即自我的获利都是以他者的毁损为前提，甚至是以局部地区的代理人战争为前提的。人类置身于这一现代世界体系之中，行为深受该体系的影响。伊曼纽尔·沃勒斯坦（Immanuel Wallerstein）对此做了很深入的研究，他写道：

　　现代世界体系是一种资本主义的世界经济。这是对它的形式结

　　㊀　沃勒斯坦. 现代世界体系：第四卷 . Ⅳ - 中庸的自由主义的胜利 [M]. 吴英，译. 北京：社会科学文献出版社，2013：5.

构和它的生产方式的解释，两者不可分开。它是一种世界经济，因
为它的社会劳动分工疆域很大，包括多个文化区域（因此是一个
"世界"），并且没有一种单独统一的政治结构（因此不是一个"世界
帝国"）。但它确实有一种上层建筑。那种上层建筑是"主权国家"
的关系网，这些国家既是"国际体系"的成员又被它限定，其社会
和政治现实及其重要性远比非常薄弱的组织机构所表明的更大。

这种世界经济是资本主义的，因为它依据"价值法则"运作，
包括对那些优先考虑无休止的资本积累的人给予回报。这并不意味
着每个人都根据价值法则运作，只是因为世界经济的制度化机制旨
在根据是否坚持这些法则给予物质上的奖赏和惩罚。⊖

从沃勒斯坦的研究结论中可以看到，现代世界体系是一种资本
主义的世界经济，是根据价值法则运作，并以一种组织网络以及制
度化机制来维护自身的利益的，利益最大化是其根本的选择。

由于现代世界体系的中心 - 边缘结构不变（主体 - 客体关系不
变），又由于利益（财富）在物质层面的相对稀缺，因此尽管现代世
界体系的中心发生了数次位移，但利益最大化的组织目标不变。在
这段历史时期内，利益（财富）的尺度不论是土地、商品还是石油，
都是不可再生的、总量有限的，并且围绕着利益的争夺往往是零和
博弈，即一方的富足是以另一方的贫困为前提的。以利益最大化为
目标的组织，是这种博弈的具体组织形式，它们具有以宪法为后盾

⊖ 沃勒斯坦.变化中的世界体系：论后美国时期的地缘政治与地缘文化 [M].王逢振，译.北京：中央编译出版社，2016：117-118.

的合法性，它们的设立、运营、兼并、倒闭等，都是为了追求利益最大化。也正因为如此，同行业的组织之间几乎没有共生的可能性，或者说，它们的共生仅存在于短暂的联盟，其目的还是自身的利益最大化。伴随着巨型或垄断组织的出现，相关行业或不同行业的组织之间，则会选择从竞争性的互补转向替代性的吞并。简言之，以利益最大化为目标的组织，它们的共生关系即便存在，也是局部的、暂时的。

这样的现实引发我们思考：如果改变利益最大化这一目标，组织能实现持久的共生关系吗？要回答这一问题，我们需要认识到，这个问题至少包含两个相关联的部分：一是利益最大化这一目标能否改变；二是组织如何能够实现持久的共生关系。

核心问题：利益最大化这一目标能否改变

首先，我们要问问自己，为什么利益最大化这一目标会成为普遍的组织目标？这是因为人性有自利倾向，这一倾向在漫长的人类进化过程中，与对外在物私有化的观念或实践耦合在一起，并相互强化，形成了"根深蒂固"的自利最大化观念。自利最大化观念在现代化进程中，又以宪法等法律形式确立下来，从而获得其法权——私有权，并在中心-边缘结构的世界体系中普及开来，构成了整个现代世界的基本权利体系的核心部分，这一点尤其体现在对非洲部落或"野蛮"民族的改变上。活跃于这一世界体系中的各种组织机构，普遍被当作一种工具，一种实现个体或群体的利益最大化的工具，而这些组织机构在市场竞争中的盈亏状况，构成了私有权在内容上的变化。[⊖]换言之，组织工具化不过是自利最大化和私有权结构在中心 - 边缘关系中主体客体化的一种形式。所以，利益最大化的组织目标成为普遍选择，是由自利最大化观念和私有权结构来支撑的，并以组织工具化的形式呈现出来。

由此，利益最大化这一目标能否改变，取决于自利最大化观念和私有权结构能否改变。首先，自利最大化观念是人性的一部分而非全部，并且在一定程度上受利他倾向的制约，是可以改变的。在1776 年出版的《国富论》一书中，亚当·斯密（Adam Smith）写下一句广为引用的话，即 "我们所需的食物不是出自屠宰业者、酿酒业者、面包业者的恩惠，而仅仅是出自他们自己的利益的顾虑，我们不要求助于他们的爱他心，只要求助于他们的自爱心"。[⊖]这句话随后被提炼为自利人假设（也称经济人假设），斯密也被视为自利人假设的鼻祖。但是如果不割裂地解读斯密的作品，那么我们就会发现斯密本人实际上持有的人性观并非自利人所能涵盖。[⊜]事实上，早在 1759 年出版的《道德情操论》中，斯密就已经展示了具有换位思考能力的中立旁观者形象；与随后出版的《国富论》中人的形象不同，中立旁观者能从多维度进行推理，从而完全有可能出于公正的

在这个过程中，组织或大或小，或发展或破产，或垄断或联盟，但财富在利益最大化这一不变的目标下越来越集中于少数人手中。据发展援助组织乐施会（Oxfam）发布的 2015 年财富报告，全球社会不平等极化发展，其中，全球最富有的 1% 人口的财富比其余 99% 人口的财富总和还要多。

⊖ 斯密 . 国富论 [M]. 郭大力，王亚南，译，上海：译林出版社，2011：10.

⊜ 秦子忠 . 人类何以共生：交互行为与关系平等 [M]. 上海：上海人民出版社，2024：223.

目的而做出违背自身利益的行动。[⊖] 在一段关于斯密的论述中，阿马蒂亚·森如此写道：

> 在当代经济学中，理性的自利观一直占据着主流地位。通常人们把这一观点追溯到亚当·斯密的著作，并断定这位"现代经济学之父"把每个人都视为无休止地（并且心无旁骛地）追求其个人特殊利益的行动者。从思想史的角度来看，这一判断至少是极其可疑的，因为斯密在探讨人类一般行为的动机时，已经修正了他对某些行动领域中（比如交换）的自利所抱的信念。事实也是如此，斯密在道德情操以及审慎关怀方面的论述对其他"启蒙思想家"包括康德和孔多塞侯爵影响甚深。在那些号称是他的追随者那里，斯密被无端曲解为一个心胸狭隘的人了。[⊖]

其次，私有权结构是人类社会的一种制度安排，在不同社会中，它作为制度的一部分有着不同的比重，同样也是可以改变的。近代私人所有权的绝对性包括绝对不可侵性、绝对自由性、绝对优越性三个方面。而在其时是以土地作为所有权制度的核心内容展开探讨的。由于坚持实行所有权绝对原则，赋予所有权以绝对效力，结果造成社会财富日益集中于少数人手中，贫富悬殊、劳资对立、财富浪费等社会问题纷至沓来。在解决这些问题的过程中，资本主义社会在立法实践上出现"社会所有权"，如 1949 年德国制定的《基本法》（宪法），其中第 14 条第 2 项规定就如此写道："所有权伴有义

⊖ 斯密.道德情操论 [M]. 谢宗林，译，北京：中央编译出版社，2008：137-138.

⊖ SEN A. Rationality and freedom[M]. Cambridge MA: Harvard University Press，2002：22-23. 译文参阅它的中译本并稍作修改。森. 理性与自由 [M]，李风华，译，北京：中国人民大学出版社，2012：16.

务，其行使应同时兼顾公共福利。"

组织工具化是利益最大化这一目标的具体表现，如果利益最大化这个目标是可以改变的，那么它也会随之发生改变。

综上，自利最大化观念与私有权结构是可以改变的，因此利益最大化这一组织目标也是可以改变（调整）的，相应地，组织的共生关系便会成为一种合意的选择，并持续地发展下去。事实上，随着商品经济和市场经济的充分发展，技术领域与产业领域都发生了很多变化，生产的社会化程度逐渐加深，新的组织形式也应运而生，特别是股份公司的出现，更进一步导致所有权的社会化。企业组织内部的共生关系，以及企业与产业伙伴之间的共生关系，甚至产业与产业之间的共生关系等，产生了新的利益共享机制。所以，所有权的社会化，实际上是所有权在社会经济由封闭排他到开放共享的过程中必然出现的一个结果。

共生关系的孕生：两个变量及其效果

20 世纪后半叶至今，以计算机、互联网、大数据、AI 等为代表的数字技术的发展推动了人类社会数字化进程，数字经济成为一种趋势，数字平台也随之成为组织的新形式。与数字技术发展进程相伴随的是，中国特色社会主义实践拓宽了人类对社会制度体系的认知，并且中国式现代化的发展道路所取得的巨大成就，不仅让中国成长为世界第二大经济体，更让世人感受到中国正在开拓人类的共生之路。人类社会数字化进程和人类社会制度新发展进程交织在一起，作为两个关键变量，深刻地影响着现代世界体系结构 - 性质的演化。这两个变量简单概括就是：技术环境与制度环境。

第一个变量是技术环境

在数字技术的推动下，人类建立起高度互联的信息网络，借助于数字媒介进行交流的行为特征不仅即时高效、无地理屏障，而且呈现出多样化趋势。生产方式、组织形式的迭代升级用时越来越短，人们可以在单位时间内穿行越来越大的空间。"穿越"成为一种生存状态。尤其在数字孪生（digital twin）与 AI 技术之后，物质生产活动流程和人们的日常生活行为被映射到数字空间，而后通过数字技术反向融入真实的物理世界，这是人类目前所经历的"数字时空"体验。人类活动也因此从有边界的物理世界，延伸到无边界的数字世界，甚至是虚拟世界。"数字时空"因为人类活动不断对其施加影响而成为一个"真实"的存在，这可以通过大面积的断电或断网来加以验证。在今天，工业的发展、全球产业链的形成在物理上已经把世界连在一起，信息数字技术更让分布在世界各处的人们实现了即时交往。随着数字技术更进一步的发展，将现实世界全部数字化的镜像世界会出现，人们的工作方式和生活方式势必出现巨大的变化，正如凯文·凯利所言，"在我所能预见的未来，到处都充满了上百万人同时参与一项工作的可能"⊖。

信息数字技术的发展也推动了网络游戏（online game，简称网游）的迭代发展。网游已经历了数十年的发展，近年来得益于大数

⊖ 凯利 .5000 天后的世界 [M]. 潘小多，译 . 北京：中信出版集团，2023：5.

据、云计算、算法、虚拟现实（virtual reality, VR）技术的发展，人们在网游中的感受愈加真实，互动也愈加频繁。与无意识的物体不同，人类自身作为有意识的存在，能自觉到自身的时间性与空间性，并将这些感知外化、建构为集体性的虚拟时空。在这个虚拟时空中，人类个体可以按照自己的自由意志去生活。它犹如梦境一般，借助数字化的场景复原或保存等技术，使人类个体可以体验或安排自己生活的历史背景与角色定位；这种体验同样是真实的，它是真实的人在真实的时间里选择的一种生活方式，这种生活方式对所有参与其中的个体都会施加真实的影响。这种真实的人、真实的时间、真实的影响等共同构成了真实的人生的一部分。这一部分在整个人生中的比重，有可能会随着新技术的迭代升级而变得越来越大。新近发展起来的沉浸式网游，乃至元宇宙议题所指向的未来图景，都提示了随着 AI 或更强算法和算力的发展，具备自主创生能力的虚拟时空将获得更高的独立性。[⊖]

至此，人与自然的关系（客观世界）、人与人的关系（社会世界）以及人与自我的关系（主观世界），都得到了充分的关注与追求。在数字技术时代，这三种关系不仅在理论上得以展开，也在现实层面上得到了一定的体现。而今，人类的物质生产活动、人际交往活动以及自我意识活动，都有了各自对应的实现场景。

物质生产活动是农业社会和工业社会中的主要活动，其产品以物质性产品为主，其最核心的价值是保障人类生理性机能的需求得

⊖ 秦子忠.生存还是毁灭：元宇宙效应的哲学考察 [J].阅江学刊，2022（3）：68-81.

到满足。伴随着人类生理性需求本身，物质生产活动会持续进行。

人际交往活动也存在于农业社会和工业社会，但它被严重压缩在主体 - 客体关系之中；也就是在人类对物质世界的欲求和竞争之中，每个人都倾向于把别人当作客体、他者以及实现自己目的的工具，人际交往活动则变成了辅助性的、工具性的。在今天的信息社会中，由于物质生产活动的自动化、数字化，人际交往活动成为产生价值的载体，即生产活动是在交往活动之中发生和进行的。一方面，传统的物质生产活动需要通过互联网平台，也就是依赖于人际交往活动展开；另一方面，人际交往活动本身就是在进行生产，即它产生了作为数字生产资料的原始数据，后者进一步驱动了人际交往活动（它也包含了物质生产活动）。在这里，人际交往活动成为一种主要活动。

自我意识活动在农业社会、工业社会同样是辅助性的，甚至是被忽略的。在今天的信息社会，随着人际交往活动成为一种主要活动，自我意识活动也日渐凸显出它的现实性，它是人际交往活动的内化与深化。虚拟游戏就是自我意识活动的一种场景，在这种场景中，物质生产活动、人际交往活动都是辅助性的。虚拟游戏中的自我意识活动，不再是人类个体在现实中遭受挫败后转向虚拟世界的一种自我慰藉，而是成为人类个体规划生活的一种方式，一种调节生活色调的方式，以及一种自我反思的、寻求多种人生可能的方式。因为虚拟世界也是一个真实的存在，其中的一切活动也产生着真实的价值。如果这种方式获得普遍认可，更多的人认同通过构建虚拟生活方式来调整自己的人生存在方式，那么由自我意识活动所创造的人生就会与真实的人生越来越相一致。由此，人的一生就像是剧本，我们可以挑选不同的剧本，演绎不同的剧情，扮演不同的角色，这一系列选择与演绎的过程，就是每个人的真实人生。于是，在每个人的一生里，我们因思想心灵的彼此认同而交织在一起，在这个彼此认同的关系结构中，我们彼此**互为主体**。在这个可以"重来"的人生之中，人生不再是一次博弈，而是多次博弈，人类得以在整体上超越"囚徒困境"，走向共生。⊖

当然，虚拟世界目前仍然只是人类意识活动的一个场景，它是现实世界的一部分。因此它所培育的共生思维，在整个现实世界尚未超越私有权制度之前，都会遭受质疑、阻碍和挑战。不过，随着科技的迭代发展，人类已经具备解决私有权排他性问题的技术能力。一方面，数字技术削弱了私有权的排他性，即它在推动资产数字化的过程中分离了资产的私有权与使用权，从而在不影响资产所有权性质的前提下，扩大了资产的使用范围或提高了资产的使用频率。爱彼迎就是这样的一个典型，它汇聚了大量闲置私人房产并促进这些房产的共享使用，这与用自己的私家车跑网约车是相同的道理。另一方面，数字技术降低了社会共享的成本。就数字产品而言，它的边际成本几乎为零，因而它的共享成本也几乎为零，并且迫使同类非数字产品或降低成本或数字化，同时也催生了数字产品市场。在这两方面的共同作用下，共享经济日趋成为数字经济不可或缺的

⊖　这在底层逻辑上有量子力学的支撑。量子粒子的历史就是它的路径，它从初始点 a 到终点 b，有多条路径，理查德·费曼称之为"可择历史"——"对于一个一般系统，任何观察的概率由所有可能将其导致那个观察的历史构成。"霍金，蒙洛迪诺. 大设计 [M]. 吴忠超，译. 长沙：湖南科学技术出版社，2011：78.

一部分。

　　但是，共享经济在现存的世界体系中，仍然是一种手段，它是商业组织在数字化时代实现利益最大化的新途径。例如，在谷歌、Meta（原名 Facebook）、百度、阿里巴巴、字节跳动等平台型企业中，共享已成为其平台模式内在的一部分，它表现为平台对所有用户的开放性、免费性与分享性，由此吸引越来越多的用户。用户数量以及他们在平台上产生的大量数据构成了平台的无形资产，凭借这些资产，平台可以向广告公司销售其广告空间，向数据公司销售其数据产品，或直接用以训练自己开发的 AI 产品，又或者平台本身就是渠道媒介，可以直接参与到商业活动之中。当前，数字技术的资本主义运用，依然是服务于利益最大化这一目标的，因此数字技术虽然催生了共享、共生的社会关系，但这一社会关系在现存世界体系中却成为实现利益最大化的新手段，使得世界财富并非因为共享、共生而均衡分布，而是呈现极化分布，集中于少数平台、少数人。[⊖]改变这一集中化趋势，需要改变数字技术的使用方式，而这与第二个变量关联在一起。

第二个变量是制度环境

　　对于制度层面的考量，需要从合法性的视角去思考。组织合法

　　⊖　联合国贸易和发展会议组织（UNCT AD）在 2019 年的《数字经济报告》中指出，在全球市值最大的 20 家公司中，有 40% 拥有基于平台的商业模式；其中，7 个"超级平台"占 70 家最大数字平台总市值的三分之二，以规模排序依次是微软、苹果、亚马逊、谷歌、Facebook、腾讯和阿里巴巴。2017 市值超过 1 亿美元的平台公司的总价值估计超过 7 万亿美元，比 2015 年高出 67%。

性是指制度环境诱使或迫使组织采纳被外部认同的组织结构和行为的作用机制，那么，基于合法性的视角，从宏观到微观的各种制度变化和现实情境特征来看，组织需要进行共生范式选择。这一判断，可以从中国国家发展实践与企业发展实践中获得佐证。

在现代世界体系中，中国特色社会主义实践不仅拓宽了自身的发展道路，激活了自身的发展潜力，也扩大了它在世界范围内的影响力。社会主义、共产主义的理想目标是实现"自由人的联合体"，"在那里，每个人的自由发展是一切人的自由发展的条件"[⊖]。与此相适应的基本制度是公有权制度——它是从私有权制度无法满足自身生产力发展要求而解体的过程中产生出来的。这是经典马克思主义者，在考察与批判资本主义社会内部矛盾及其解体过程时，对未来社会基本轮廓的勾勒。在过去一百多年的社会主义实践中，人类在社会主义建设方面已经积累了大量的经验。中国特色社会主义取得的巨大成就，便得益于对这些经验的借鉴和吸取。从人类社会演化来看，中国特色社会主义的制度构成（如人民代表大会制度，中国共产党领导的多党合作和政治协商制度，公有制为主体、多种所有制经济共同发展的经济制度等）不仅拓宽了人类选择自身发展道路的制度清单，其日渐增强的世界性影响力也在深刻地影响着现存世界体系的"结构 - 性质"。

如果说资本主义生产方式自发地推动了人类世界连接起来，并且将人类群体的力量提升到了前所未有的高度，那么共产主义则是

⊖　马克思，恩格斯. 马克思恩格斯文集：第 2 卷 [M]. 中共中央马克思恩格斯列宁斯大林著作编译局，编译. 北京：人民出版社，2009：53.

消除共同体、资本、市场等之前将人类世界连接起来的前提条件的自发性，使它们受到联合起来的个人的支配。在批判费尔巴哈、布·鲍威尔和施蒂纳所代表的现代德国哲学时，马克思和恩格斯如此写道：

> 共产主义和所有过去的运动不同的地方在于：它推翻了一切旧的生产和交往关系的基础，并且第一次自觉地把一切自发形成的前提看作是前人的创造，消除这些前提的自发性，使这些前提受联合起来的个人的支配。因此，建立共产主义实质上具有经济的性质，这就是为这种联合创造各种物质条件，把现存的条件变成联合的条件。[一]

中国式现代化发展道路正在创造这类"联合的条件"。中国式现代化不是靠汲取边缘国家的财富来完成其工业积累的，它凭借自身巨量的低成本劳动力促进与贸易国在资源、产品与资本上的联通，从而解决了自身的原始积累不足等问题，实现本国与贸易国的互惠共赢。[二]在参与全球贸易的过程中，中国坚持和平发展道路，并着力推动形成有利于国家独立自主与国际平等合作的，以国内大循环为主体、国内国际双循环相互促进的新发展格局。[三]这一新发展格局构成了现代世界体系的巨大变量，它为后发展国家摆脱对资本主义发达国家的依附提供了一个强有力的杠杆。诚如地缘政治学家威

[一] 马克思，恩格斯 . 马克思恩格斯全集：第 3 卷 [M]. 中共中央马克思恩格斯列宁斯大林著作编译局，编译 . 北京：人民出版社，1960：60.

[二] 王跃生，马相东 . 全球经济"双循环"与"新南南合作"[J]. 国际经济评论，2014（2）：68-70.

[三] 郑尚植，常晶 . "双循环"新发展格局的马克思主义政治经济学分析 [J]. 当代经济管理，2021（12）：2.

廉·恩道尔（F. William Engdahl）在一次专访中所言：

> 你不能以看待中国经济的方式来看待美国的国民经济，因为美国着力于通过以金融利益与军事利益作为国家的根基，来创造一个全球系统，并通过这样一个系统使其他任何国家都不能和美国在经济上相匹敌。这个美国的"全球系统"战略在 1945 年就被人提出了，它的根本是为了自身的成长必须摧毁其他国家的工业。当然，你不会在美国国内看到任何有关于它的经济学资料，甚至马克思主义也无法解释这个模式的根本内涵，它是一个 1945 年后才逐渐建立起来的独特、崭新模式，这很重要。⊖

中国的发展道路乃至它未来的走向都不是以自己为中心掠夺边缘国家，而是在共商共建共享、追求互惠共生的理念下构筑人类命运共同体。⊜这一点不仅表现在中国的援助不以施加任何条件为前提（不像西方国家施以条件的援助那样试图改变受援国的政治生态）⊜，也表现在"一带一路"合作中中国帮助其他发展中国家培育、增强其自主发展能力，如帮助后者构建减贫与可持续发展所必需的公共基础设施⊗。中国作为一股新兴力量，会持续对现代世界体系的中心 - 边缘结构的转型产生越来越大的影响。这一现实性影响不仅为共生组织的出现创造了相应的外部环境，也为共生组织的发展提供了一

⊖ 邵振伟，郭树涵，范红叶.揭秘美国军工复合体——专访著名经济学家、地缘政治学家威廉·恩道尔 [J]. 装备制造，2009（9）：18-22.

⊜ 恩道尔."一带一路"：共创欧亚新世纪 [M]. 戴建，译.北京：中国民主法制出版社，2016.

⊜ 张浚.不附加条件的援助：中国对非援助政策的形成 [J]. 外交评论（外交学院学报），2010（5）：20-34.

⊗ 张原.中国对"一带一路"援助及投资的减贫效应——"授人以鱼"还是"授人以渔"[J]. 财贸经济，2018（12）：111-125.

种前进方向及制度探索方向。

一个社会的"场"，在根本上是由其宪法或主流文化所界定的。由此，宪法或主流文化衍生出来的生产方式及制度，便构成了这个场的"轨道"，犹如磁铁的场使得其周围铁屑呈现出来的"轨道"，各类组织就是这些"铁屑"，它们处在特定的轨道上。构建人类命运共同体是习近平新时代中国特色社会主义思想的重要组成部分，也是中国为全球治理提出的方案。这一方案"融合共生理性的国际制度建设，将从构成性层面内化共生理性，从程序性层面贯彻多边主义原则，从管制性层面约束个体理性。"⊖ "人类命运共同体方案已经影响了国际秩序三个基本要素即国际主流价值观、国际规范与制度以及国际组织中规则制定权分配的变化，并推动了一种新型国际秩序的建构化。"⊜ **只有在世界体系内存有一定的共生关系才会有共生组织的出现。共生组织的基因或母体，就是共生关系。**⊜ "一带一路"代表的是区域合作与共生发展，它允许参与主体基于各自的发展阶段和需求而连接合作，促进彼此的互联互通，从而释放新的发展及共生活力。

这种共生关系在企业实践领域同样显现出新的效能，并推动企业的可持续发展。在今天，企业与社会建立了更加紧密的关系，承担社会责任已经成为衡量企业绩效的必选项。政府层面或产业层面激励型的"硬性"制度规则或"软性"制度规范，在各个领域推动

⊖ 刘宏松.人类命运共同体与全球治理体系改革 [J].上海交通大学学报（哲学社会科学版），2023（01）：25-35.
⊜ 李慧明.人类命运共同体与国际秩序转型 [J].世界经济与政治，2021（8）：4-33，155-156.
⊜ 王世进，胡守钧.共生哲学论纲 [J].长安大学学报（社会科学版），2016（3）：71-84，123.

共生关系的建立与发展。基于对产业共生的理解，很多地方和企业开始形成有益的产业园区、公共服务平台或生态平台，包括中信建设打造的"联合舰队"、大亚湾新兴产业园，以及深圳福田致力打造的数字经济产业生态新平台等。在组织制度的变革中，与共生相关的核心制度特征包括：一是互为主体的关系契约，约定各方主体之间的平等关系；二是基于使用权的资源互通，打破所有权区隔，形成共享使用权的资源配置；三是决策信息共享，相关主体进行目标策划和活动执行，并将信息进行共享；四是利益共享与风险共担，不但要进行数字技术和资源共享，而且要对价值进行合理分配。在这之前，组织之间的共生关系只是两个及以上的组织之间的互补关系，如上下游企业之间的关系，但这个互补关系在利益最大化这一目标下是局部的、不稳定的、短暂的。而今天的组织共生关系，不再是追求利益最大化，而是要实现互为主体的共生关系的常态化与可持续。

人们已经感受到"技术环境"与"制度环境"两个变量所带来的冲击和变化。越来越多的人开始理解并认同应该以整体视角看待自身、社会以及自然，并将自身纳入人类共同发展的框架之中。在这一方面，中国传统文化与智慧彰显出其价值与意义。

第三章

CHAPTER 3

整体论与人类命运共同体

一个人之所以成为"人"，以及他的存在之
所以有意义，并不在于他是一个个体，而在
于他是伟大人类共同体中的一分子，从出生
到死亡，共同体都将主导他的物质生活和精
神生活。

——阿尔伯特·爱因斯坦

  对于促进现代世界体系的发展，中国所做出的贡献不仅体现在持续增长的经济体量和产业条件上，还深植于源远流长的文化传统之中。这一文化传统的源头至少可追溯至三千年前成书的《周易》。《周易》是凝聚中国先人智慧的天文学巨著，也是中国群经之首，其理论构建的经验基础主要来自圭表的使用。圭表是中华民族最古老的计时仪器之一，它的使用在商周时期已非常普遍。圭表的用处不少，它不仅可以用于测定冬至和夏至、编订历法、推算二十四节气，还可以用于确定方位。[⊖]由圭表确立的太阳历，可以视为八卦图的前

⊖ 贺华章.图解周易大全 [M].北京：现代出版社，2014.

身。八卦图相传为伏羲所创作，后经周文王、周公、孔子等人的阐释和发展而成书。在《周易》中，卦象、爻辞等与四时变化、昼夜交替、天象变化、农事生产乃至人生吉凶关联在一起，展现了天人合一的整体思维以及驾驭变化的原理与方法，它们经由先秦诸子百家以及随后历代学人的阐释和发扬，构成了中国文化的特质。这一文化特质有助于人类在认识上超越二元论，在实践上超越资本主义世界体系，为人类走向共生提供丰富的思想资源。

一、中国文化的整体观：天人合一

天人合一观念最早记录于《易经》，并经由历代中国学人的重视与发展，深刻形塑了中国文化的特质。国学大师钱穆临终前仍专注于天人合一观念的研究，由此发现此一观念乃是中国文化的总归宿处，亦是中国文化对人类未来可有的贡献。他将此发现视为"澈悟"。在其最后一篇文章中他这样写道："中国文化中，'天人合一'观，虽是我早年已屡次讲到，惟到最近始澈悟此一观念实是整个中国传统文化思想之归宿处。……我深信中国文化对世界人类未来求生存之贡献，主要亦即在此。"钱穆关于天人合一观念的顿悟，随后引起了思想界的广泛关注与讨论。季羡林、张世英、汤一介等知名学者均撰文参与了讨论。从相关文献来看，它们对天人合一观念的阐述主要聚焦于梳理天人合一观念的演进脉络，并在这一梳理过程中旁及中西文化特质在回应现代化困境上的差异与联系。

○　钱穆.中国文化对人类未来可有的贡献[N].联合报，1990-9-26.

　　西方人喜欢把"天"与"人"分开来说。这种说法实际上把"天"与"人"划分为二，分作两个层次，由此形成了离开人来讲天或离开天来讲人的观念。这一观念的发展，在今天，科学越发达，越容易显示出它对人类生存的不良影响。西方文化的这种天人相分观念影响所及，便是天命与人生分别各有所归。在此一观念下天命不知其所命，人生不知其所生，两截分开，便失去其本义。在古代，西方人依附于宗教或所谓上帝，而在所谓上帝被人杀死后（尼采语）的近现代，西方人将人类树立为新主宰，进而支配一切，如此，人与自然、人与人乃至人与自身处于紧张的主客体对立关系之中。在这一对立关系中，环境受到污染，生态遭到破坏，个人原子化，人际关系工具化，乃至生命意义虚无化，这些都是西方的天人相分观念在推动现代化进程中所产生的问题。这些问题无法在天人相分观念下得到解决，因为这些问题的解决途径无法孕育于天人相分所规定的思想框架中。

　　与之不同，中国人喜欢把"天"与"人"合起来说。这种说法认为天命就表露在人生上；离开人生天命也就无从谈起，反之亦然。这种天人合一的观念源于中国古人早就认识到的一切人文演进都顺从天道而来的思想："夫'大人'者，与天地合其德，与日月合其明，与四时合其序，与鬼神合其吉凶，先天而天弗违，后天而奉天时。"（《周易·乾·文言传》）由此产生的差别是，西方文化显然需要另有天命的宗教信仰作为他们谈论人生的前提，而中国文化认为天命与人生同归一贯，不再有分别，所以中国文化起源也不再需要像西方古代人的宗教信仰，并能得到宇宙人生会通合一之真相。⊖ 这种整体

⊖　钱穆.中国文化对人类未来可有的贡献 [N]. 联合报，1990-9-26.

论认知取向为人类超越现代化困境提供了有益的思想资源。在这里，我们稍加考察天人合一观念的历史演进，以便呈现其基本内涵。

天人合一观大致经历了以下几个历史阶段。在殷商时期，"天"是有意志的神，天人关系表现为人神关系。在西周时期，周人在一定程度上继承了商朝的天人思想，并在此基础上有了新的发展，即赋予了"天"以"敬德保民"的道德属性——"皇天无亲，惟德是辅"（《左传·僖公五年》）。如此，人服从天不再是出于对未知神力的畏惧，而是一种道德行为，一种会得到上天赏赐的行为。这一点说明天人合一观念在西周时期就与道德问题紧密联系在一起。在春秋时期，"天"从超越的神的地位降落，出现一种人为神之主的观念：不仅"吉凶由人"，而且"天道远，人道迩，非所及也，何以知之"（《左传·昭公十八年》）。这种由"远"到"迩"的转化在中国文化传统上表现为儒家与道家两种不同的天人合一观：先秦儒家的"天"保存西周时期"天"的道德属性，其天人合一是人与义理之天、道德之天的合一；而道家的"天"则指自然，或自然而然之道，并不具有道德含义，其天人合一是人与自然之天的合一。《道德经》曰："人法地，地法天，天法道，道法自然。"

到汉代，董仲舒吸收当时流行的阴阳五行说，提出了"人之（为）人本于天"，认为"天亦有喜怒之气、哀乐之心，与人相副。以类合之，天人一也"（《春秋繁露·阴阳义》）。董仲舒阐释的天人合一在内涵上展现出复杂的天人交相感应关系，并且针对不道德的行为，"天出灾害以谴告之"（《春秋繁露·必仁且智》）。董仲舒的天人合一观念在一定程度上回溯到商周时期的人神关系，并且衍生出三纲思想，即"君臣、父子、夫妇之义，皆取诸阴阳之道""王道之三纲，可求于天"(《春秋繁露·基义》)。但是，董仲舒所言的"天"并不同于西方的所谓上帝或神，而是包含"天、地、阴、阳、木、水、土、金、火和人"等十者在内的自然万物之整体；人就是本于这个整体。至宋明时期，宋代道学接续孔孟的天人合一观念，但是在思想内涵上做了重大发展：一是把孔孟的"上下与天地同流""万物皆备于我"之论断扩展为人物一体的思想学说；二是在承认孔孟差等之爱有其合理范围的前提下，将之向博爱方向发展。○

　　从以上梳理来看，天人合一观念至少有三点鲜明的特质。一是天人合一观念从根源处出发，从一到多，多在一中演化，一多不分。○这一特质使得中国人更容易在整体视域中把握天、地、人"三才"之间的关系，并直接思考诸象之间的差异与联系。二是在天、人的阐释上虽然存在儒家与道家这两大支脉，但大体上儒家占据主流位置，由此中国文化传统中的天人关系是道德上的合一，天命渗入人生，人生渗入天命。这一特质使得中国文化的天人相分思想始终居于相对次要位置，相应地，一方以自己为主体而将另一方视为客体的主客关系始终没有极化发展，或者说，中国人将包括人自身在内的万事万物置于整体关系之中，并在这一关系中根据自己的具体情况寻求和扮演适当的角色。这一特质有利于消除当前科学主义对人性漠视、主客对立、生态破坏等弊病。三是天与人交相感应，彼此相互作用，相互影响。这种作用和影响是动态的，可以相互转

○ 张世英.中国古代的"天人合一"思想 [J].求是，2007（7）：34-37，62.
○ 卞俊峰.豁然：一多不分 [M].杭州：浙江大学出版社，2018：3，21.

化。这一特质使得中国人不像西方人那样企图把握变化背后的不变，而是把变化视为本体或第一原理，体知变化，顺应变化。

这三点特质共同规范了中国文化的整体思维的基本脉络。这一脉络注重天、地、人"三才"之间的整体、协同、共生关系，有利于化解西方文化所内生的现代化困境。西方文化的特质是天人相分，走的是一分为二的分化进路。这一进路对现代化进程有推动作用，极大地提高了人类的生产能力和生活水平，但同时难以应对技术迭代所引发的排斥人类等问题。简言之，天人相分、一分为二的观念框架正在遭受其自身的反噬。天人相分观念一方面催生了以追求利益最大化为目标的资本主义世界体系，在这个体系中人与人之间的关系是零和博弈关系；另一方面提高社会生产效率的方式是不断细化的社会分工，而在这个细化分工的过程中，人遭受排斥或替代，加之以 AI 为代表的科技迭代正在消解细化分工得以进行的大前提——确定的工业分工格局。在当前的 AI 时代，原先基于工业时代的专业、学科边界正在消解，不确定性成为大环境、大前提，原有的个体、分工、竞争思维不但不是解决问题的出路，反而成为问题的症结。而从根本上解决这些问题，我们不仅需要天人合一的整体思维，还需要驾驭变化的原理与方法。

二、《易经》的驭变之理

《易经》的核心思想是宇宙处于永恒的变易之中，而人必须顺应这个变易的世界，建立起变易的世界观。在为纪念中国改革开放四十年而写的一篇文章中，陈来将《易经》驾驭变化的基本方法梳理为五个方面：唯变所适、观察变化、通其变化、成其变化、损益乃革。[⊖]陈来的总结较为全面，但这五个方面在我们看来只是使《易经》驾驭变化的具体方法清晰化了，既没有呈现《易经》驾驭变化的整体思维，也没有论及它与当代人珍视的互为主体思想的关联。在前文中，我们已经阐述了蕴含于《易经》的整体思维，即天人合一观念，并在展开天人合一观念的过程中预备性地论及其驾驭变化的原理与方法。下面，结合《易传》的文本，阐述《易经》中驾驭变化的原理与方法。

在《易经》的作者看来，宇宙之道无固定之所，它"变动不居，周流六虚，上下无常，刚柔相易，不可为典要，唯变所适"（《周易·系辞下传》第八章）。而要唯变所适，则需要观察变化，观察变化需要借助一定的手段。这一手段即《周易》的卦象体系，它模拟世界的变化现象，借此推演宇宙的变化秩序，以获得人所要的结果，"圣人设卦观象，系辞焉而明吉凶，刚柔相推而生变化。是故吉凶者，失得之象也；悔吝者，忧虞之象也；变化者，进退之象也；刚柔者，昼夜之象也。六爻之动，三极之道也。是故君子所居而安者，易之序也；所乐而玩者，爻之辞也。是故君子居则观其象而玩其辞，动则观其变而玩其占，是以自天祐之，吉无不利"（《周易·系辞上传》第二章）。《易经》的卦象体系的作用在于开通人们的心智，助益人们的变通。"一阖一辟谓之变，往来不穷谓之通"（《周易·系辞

⊖　陈来.《周易》中的变革思想 [J]. 社会科学研究，2019（2）：14-19.

上传》第十一章），"变"呈现于对立面的交互转化之中，"通"呈现于转化进程的反复连接里。

《易经》的卦象体系乃为一模拟宇宙的变化体系模型，它作为中国古人的认识论与宇宙本体具有高度的同构性："易与天地准，故能弥纶天地之道。仰以观于天文，俯以察于地理，是故知幽明之故；原始反终，故知死生之说；精气为物，游魂为变，是故知鬼神之情状。与天地相似，故不违；知周乎万物而道济天下，故不过；旁行而不流，乐天知命，故不忧；安土敦乎仁，故能爱。范围天地之化而不过，曲成万物而不遗，通乎昼夜之道而知，故神无方而易无体。"（《周易·系辞上传》第四章）这一同构性是《易经》驾驭变化的方法论。这一方法论的思维形式是整体性的，具有从一到多、一多不分的特征。它从太极出发，而后两仪，再后四象，再后八卦，八卦两两相叠，得六十四卦，每一卦有六爻，每一爻代表变化的相应区位（事物发展的阶段），由此，宇宙万物变化与人类生活变化以及二者的相互关系在这一整体的思维框架中得以把握。这一把握是形象化的，其方法是取象比类："易有太极，是生两仪。两仪生四象。四象生八卦。八卦定吉凶，吉凶生大业。是故法象莫大乎天地；变通莫大乎四时；县象著明莫大乎日月，崇高莫大乎富贵；备物致用，立成器以为天下利，莫大乎圣人。"（《周易·系辞上传》第十二章）

从今天高度数理化的科学思维来看，《易经》的取象比类方法是粗陋的，甚至是违背科学精神的。然而，这种看法即便不是草率的，也是一种有待检视的线性达尔文主义观念。按照这种达尔文主义观念，古人不如今人，古代的思维或理论不如现代的思维或理论。显然，高度数理化的科学思维是人类取得现代化成就的认知根源。但不可否认的是，高度数理化的科学思维也是人类遭遇现代化困境的认知根源。这种科学思维，如前所述，走的是一分为二的二元化进路，它一方面使人类屈从于分化了的各类系统，另一方面使人类与自然相对立、人类诸个体之间相对立；而要摆脱这一困境，需要超越二元论的分化对抗，走向整体论的和合共生。

《易经》不仅注重阴阳协调、和谐共生、直觉顿悟的整体思维，也注重宇宙各种对立面要素，如刚柔、天地、乾坤等，并且认为对立面的相互作用产生了变化，即"刚柔相推，变在其中矣。系辞焉而命之，动在其中矣"（《周易·系辞下传》第一章）。而要成就变化，让变化朝着有利于事物的方向发展，则需要主动适应变化的规律，掌握成就变化的适宜时机，即"吉凶悔吝者，生乎动者也。刚柔者，立本者也。变通者，趣时者也"（《周易·系辞下传》第一章）。不仅如此，在成就变化的过程中，还需要注意量变与质变的关系，以便能在适当的时机采取适当的行为。"损益"是古代对社会渐进变革的表达。《周易·杂卦传》说："损、益，盛衰之始也。"《易传》特别强调损益与"时"的关系：损益盈虚，与时偕行（《周易·损·象传》）。相比于"损益"代表渐进的改革，"革"代表剧烈的改变。"或跃在渊，乾道乃革。"（《周易·乾·文言传》）"革，去故也；鼎，取新也。"（《周易·杂卦传》）

《易经》的这一刚柔相推、吉凶相化、损益乃革的思维方式在方法论上可以说是儒道"和谐辩证法"的源头。在《论中西哲学精神》一书中，成中英认为，如果说西方思维方式倾向于形式的、机械的、冲突的，那么中国传统思维方式则倾向于整体的、辩证的、和谐的，并将后者概括为"和谐辩证法"。⊖在成中英的阐释中，和谐辩证法是儒道两家所共有的借以运思、分析人生和世界各种和谐与冲突问题的辩证法，其要义如下：

①万物之存在皆由"对偶"而生。②"对偶"同时具有相对、相反、互补、互生等性质。③万物间之差异皆生于（亦皆可解释为）原理上的对偶、力量上的对偶和观点上的对偶。④对偶生成了无限的"生命创造力"（对《易经》而言）、"复"的历程（对《道德经》而言）以及事物与事物之间的"互化性"（对《庄子》而言），还有"反"的过程（《易经》《道德经》《庄子》之共同）。⑤如果我们能描述出各种对偶之间互生关系的架构，并且在这架构中，我们能无碍地宣称世界的根本乃一整体，以及万物有本体上的齐一性，那么冲突便可在此架构中化解。⑥人可经过对自我以及实在的了解，发现化解冲突的途径。⊖

由此而言，《易经》的整体思维及其内容中驾驭变化的原理与方法，尤其是经由儒道阐发后的和谐辩证法在超越现代化困境上会有所贡献。其根源性概念是天人合一，这也是构建人类命运共同体的文化密码⊜，人类珍视的互为主体关系也可以从天人合一、和谐辩证法之中引申出来。和谐辩证法有包容一切差异的主动和和谐化精神，既不同于佛教的"超越辩证法"——后者将现世视为一连串不相干

⊖　成中英. 论中西哲学精神 [M]. 上海：东方出版中心，1996：173.
⊖　成中英. 论中西哲学精神 [M]. 上海：东方出版中心，1996：183.
⊜　邵龙宝. 中国哲学的特质与精髓 [J]. 兰州学刊，2023（9）：7.

的、无意义的不可断言的表象历程，也不同于近代西方传统（以黑格尔为代表）中的"冲突辩证法"——后者将世界描绘为根源于冲突的正 - 反 - 合三段螺旋上升的运动。这为当代人超越主客体对立关系走向互为主体的和合关系、构建以合作共赢为核心的人类命运共同体，提供了丰富的思想资源。

三、人类命运共同体

构建人类命运共同体理念是习近平主席在 2013 年就人类未来发展向国际社会提出的中国方案。这一理念强调世界各国的相互依存关系，在追求本国利益的同时，兼顾他国合理关切，以及在解决资源短缺、气候危机、环境污染、疾病流行、跨国犯罪等全球性问题上需要共同努力。人类命运共同体理念是中国新型外交关系的行动指南，它超越了意识形态和主权国家的狭隘视域。这一理念植根于中华文化传统中的天人合一观念，承续了中国哲学思维中的合一性和整体性，与西方哲学思维中的二分性和解构性形成鲜明对比。[一] 如此，人类命运共同体理念以和谐为本，通过调整人与自然、人与人、人与自身的关系而能生发出物我一体的整体论以及与唯变所适的方法论。

作为人类命运共同体理念的现实化，"一带一路"倡议以共商、共建、共享为原则，致力推动沿线国家和地区的互联互通，强化人

[一] 陈霞. 和合文化：人类命运共同体的思想溯源 [J]. 新疆大学学报（哲学社会科学版），2020（3）：62-70.

类命运与共的纽带。2015 年，习近平主席在第七十届联合国大会一般性辩论时指出，我们要继承和弘扬联合国宪章的宗旨和原则，构建以合作共赢为核心的新型国际关系，并从五个方面勾勒了打造人类命运共同体的努力方向：一是我们要建立平等相待、互商互谅的伙伴关系；二是我们要营造公道正义、共建共享的安全格局；三是我们要谋求开放创新、包容互惠的发展前景；四是我们要促进和而不同、兼收并蓄的文明交流；五是我们要构筑尊崇自然、绿色发展的生态体系。[⊖]党的十九大报告进一步阐述人类命运共同体理念的内涵，并把坚持推动构建人类命运共同体作为新时代坚持和发展中国特色社会主义的基本方略之一，强调中国人民的梦想与各国人民的梦想息息相通，以及呼吁各国人民同心协力，构建人类命运共同体，建设持久和平、普遍安全、共同繁荣、开放包容、清洁美丽的世界。[⊖]

伴随着人类命运共同体理念写入中国宪法、联大一委（全称为联合国大会裁军与国际安全委员会）三项决议，它便在中国具有法律上的强制性约束力，在国际社会上具有道义上的规范性约束力。十年来，人类命运共同体理念已深入人心，作为夯实人类命运共同体的实践平台，"一带一路"倡议也取得丰硕成果。截至第三届"一带一路"国际合作高峰论坛召开之际，"一带一路"合作从亚欧大陆延伸到非洲和拉美，其中有 150 多个国家、30 多个国际组织签署共建"一带一路"合作文件，举办 3 届"一带一路"国际合作高峰论

⊖　习近平.论坚持推动构建人类命运共同体 [M]. 北京：中央文献出版社，2018.

⊖　习近平.决胜全面建成小康社会 夺取新时代中国特色社会主义伟大胜利——在中国共产党第十九次全国代表大会上的报告（2017 年 10 月 18 日）[M].北京：人民出版社，2017.

坛，成立了 20 多个专业领域多边合作平台。[⊖]

人类命运共同体理念及其实践正在推动冷战后资本主义国际秩序的转变。冷战后以苏联为代表的社会主义国际秩序瓦解，以欧美国家为代表的资本主义国际体系取得了胜利，并且迅速扩展至全世界。在这个过程中，资本主义世界秩序及其背后的价值观念成为主导世界各个国家交往的"准则"。然而，新兴大国的快速发展、欧美国家内部的反全球化力量、日益凸显的全球性问题，以及其他不满现状的非国家行为体等正在改变国际力量分布，推动现存资本主义国际秩序的转变。这一转变主要体现在国际主流价值观、国际规范与制度、国际规则制定权三个方面。

第一，国际主流价值观的转变。现存资本主义国际秩序背后的价值观是自由主义。自由主义的思想根源是天人相分，它强调个人价值、个人自主以及他者的存在。自由主义与资本主义相结合后，追求自我利益最大化的自由资本主义生产方式进一步加剧以他者为前提的主客二分及其对立关系，而这导致人与自然、人与人、人与自我之间存在无法缓和的紧张关系。这种关系反映在资本主义国家之间的交往上，就是一个强化相互竞争、零和博弈、力量均势的国际秩序，因而也是一个难以避免区域冲突、生态失衡的国际秩序。人类命运共同体理念的文化基因是天人合一观念，它将人类世界视为一个至大无外的整体（即便存在他者，他者最终也会融合进来）。

⊖　习近平.建设开放包容、互联互通、共同发展的世界——在第三届"一带一路"国际合作高峰论坛开幕式上的主旨演讲（2023 年 10 月 18 日，北京）[N].人民日报，2023-10-19（02）.

天人合一观念强调整体价值、天人协调、推己及人，它与致力于实现人类解放、人与自然和谐共生、人人自由发展的社会主义具有内在的融合性。人类命运共同体理念可以视为天人合一观念与社会主义理念的结合，它在人类社会未来建构方向上表达了阶级社会瓦解及之后出现的自由人联合体、互为主体的人际关系，以及人与自然的共生关系，代表了新的国际价值观。伴随着人类命运共同体理念及其实践的深入发展，它正在推动以自由主义为代表的国际主流价值观的转变。

第二，国际规范与制度的转变。与过去的殖民主义国际秩序不同，美国主导下的资本主义国际秩序，其规范与制度确保了国际交往在形式上的平等，但这一平等掩盖了实质的不平等，甚至为实质的不平等提供了辩护。简言之，美国主导下的国际规范与制度实质上仍然是一个弱肉强食、赢者通吃的中心 - 半边缘 - 边缘的规范与制度体系。在这一体系中，以欧美国家为代表的中心国家凭借其在高端制造、军事、金融等方面的绝对优势，支配着其与以亚非拉国家为代表的半边缘或边缘国家的国际合作关系。由于这一合作关系是不平等的，是受制于中心国家的，因而多数亚非拉国家的发展被锁定在依附性的低度发展区间。与此同时，亚非拉国家的自然资源加速向欧美国家转移，生态环境遭受严重污染与破坏。简言之，现存的国际规范与制度构成了一个不平等、不稳定的秩序，一个人类与自然生态难以共生的秩序。

而人类命运共同体理念指导下"一带一路"实践，作为一个变量，正在推动现存国际规范与制度的转变。"一带一路"实践是在共

商、共建、共享原则下，各类参与主体开展互联互通的活动，它已
经并在持续推动亚欧大陆的政策沟通、设施联通、贸易畅通、资金
融通、民心相通，为新的国际规范与制度提供了现实的基础与条件。
可以说，十多年来，"一带一路"先是作为现存国际规范与制度的补
充，为参与主体提供了重要的国际公共产品，而后逐渐形成了相应
的国际合作范例、国际规范与制度，推动了现存国际规范与制度的
变革。"一带一路"填补了西方衰落所带来的空白，不仅在亚洲、非
洲、中东和欧洲创造新的经济增长动力，也为世界各国发展提供了
新的国际规范与制度体系。[○]

第三，国际规则制定权的转变。现存国际规则制定权集中在以
美国为首的中心国家手中。这些权力是事先确定好的（对于后来加
入的国家尤其如此）。这种事先确定的国际规则制定权分配方式，虽
然一开始能够反映当时参与缔约各方的实力状况与利益关切，但是
难以保证日后依然如此。国家实力是此消彼长的，相应的国际关系
也会随之发生变化。当前，以中国为代表的新兴国家快速崛起，它
们深度改变了原有的国际力量对比格局，加速了国际规则制定权的
转移与分散。在这一形势下，美国主导的国际规则制定权，难以回
应新兴国家对国际秩序的合理诉求。与此不同，在人类命运共同体
理念指导下，"一带一路"的共商、共建、共享原则不是事先确定的
国际规则制定权，而是参与主体在平等对待的基础上共同推动形成
的规则，这些规则的权力属性是由合作各方在合作过程中赋予的。

○ 托克. "一带一路"为什么能成功："一带一路"倡议的九大支柱 [M]. 王淼，译. 北京：
中国人民大学出版社，2022：301.

这些赋予的国际规则制定权不是一经形成就永不改变（它有一定的时间限制），也不是对所有参与主体都有约束力，它具有分散性、开放性与时效性。

总而言之，人类命运共同体理念与"一带一路"实践，向全球提供了一种崭新的思维方式和行动方案，为优化全球治理开辟了新的发展道路和美好未来，推动全球治理思维实现了从同质思维向多元思维，线性思维向复杂思维，主客二分思维向主体间性思维的历史性转换。[⊖]

———
⊖　陈曙光. 人类命运共同体何以改变世界 [J]. 马克思主义研究，2023（2）：49-60，107，115-156.

价值与意义

善以千种形态散落在这世间。
——约翰·赫尔德（Johann Herder）

The Philosophy of
Symbiosis

在现存世界体系的嬗变过程中，如果出现了允许共生关系存在及发展的一定空间，那么这个空间就会孕育出共生组织及其群落。为了便于表述，我们将这一空间称为"共生场"。共生场可以通过人性、所有权以及相互关系来呈现。共生组织与共生场关联在一起，是共生场的一种外化形式，因而关于共生场的度量，共生组织就可以视为一种度量尺度。但在正面阐述共生组织之前，我们需要先阐释由技术环境与制度环境两个变量带来的组织目标的变化，即从利益最大化向价值最大化、意义最大化的变化，这一变化与财富构成、工作方式、对自身存在意义的认知等方面的变化关联在一起。

诺贝尔奖获得者埃德蒙·菲尔普斯（Edmund Phelps）做过一个关于"从高质量生活迈向美好生活"的演讲，他指出高质量生活与美好生活属于不同的范畴，高质量生活并不能够满足人们对美好生活的全部要求，并对二者做了如下对比（见表 P2-1）[⊖]。

⊖　菲尔普斯.增长的逻辑 [M].何志毅，张占武，译.北京：中信出版集团，2023：129.

表 P2-1 两种生活方式的比较

高质量生活	美好生活（现代版）
受到充分保护	迎接挑战（塞万提斯）
安全	内心的挣扎（莎士比亚）
丰富的娱乐设施	探索未知（克尔凯郭尔）
享受文化	克服障碍（尼采）
享受传统	无畏地生活（詹姆斯 ⊖）
享受大自然	生成或个人成长（蒙田、伯格森）
充足的休闲	
充足的物质财富和收入	

　　菲尔普斯认为美好生活才是所有人或大多数人的追求，是社会中的个人渴望的生活方式。正如表 P2-1 所呈现的，美好生活并不是为了获得生活中的好处，而是为了追求理想而努力所得到的回报，这才是人所能贡献的价值与意义。实现美好生活，而不是高质量生活，在菲尔普斯看来是真正繁荣的原因。他同样以对照列表的方式介绍了两种个人繁荣的对比 ⊖（见表 P2-2）。

表 P2-2 两种个人繁荣的对比

物质	非物质
增强实现目标的能力	发挥创造力
获得赚取和改善"贸易条件"的权力	迎接挑战
	自我表现
	蓬勃发展

⊖　即威廉·詹姆斯（William James），他是美国著名哲学家、心理学家，实用主义哲学的奠基人之一。

⊖　菲尔普斯. 增长的逻辑 [M]. 何志毅，张占武，译. 北京：中信出版集团，2023：130.

在所关注的社会繁荣主体中，菲尔普斯始终认为只有激发个体的活力、弘扬企业家精神、鼓励社会基层的创新，即将大量的人力资源下放到基层，才能真正带来大繁荣。这依赖于美好生活价值观的牵引，依赖于整个社会创新与创业氛围的营造，依赖于我们对"商业"以及社会组织功能的认知改变。

第四章

CHAPTER 4

突破利益最大化的困境

桥永远且永远不同地往来伴送着或踟蹰徘徊
或匆忙赶路的人们，使他们到达对岸……桥
汇聚成为飞架的通道。

——马丁·海德格尔

组织是构成现代社会的重要基础，也是协同个体与群体行为的基本载体。人们通过组织来完成个体价值的转换，并同时承担实现组织目标的责任。从理性设计的视角看，组织承担着三个主要功能：第一，保障组织目标的实现；第二，让人有价值；第三，提供可持续发展的基础。在这三个主要功能中，后两个能否实现，取决于第一个，即组织目标能否实现，所以，对组织功能的理解，我们也常常将其简化为保障组织目标的实现。

也正源于此，从通常意义上看，为保障组织目标的实现，利益最大化是一个明确的选择，所以在经典的经济学观点中，股东财富最大化是企业组织最明确的要求，也是唯一的要求。然而，因为组织是一个社会器官，组织中成员的行为同样也构成了整个"社会景观（social landscape）。他们的行为结果构成了社会的基础，并为下一代的组织塑造了情境"[1]。对组织功能的反思，摒弃将利益最大化作为组织的唯一目标，以及展开新的组织管理实践，逐渐成为主流。

一、社会主义者的实践

事实上，早在 18 世纪末，英国实业家、空想社会主义者罗伯特·欧文（Robert Owen）就已经深刻认识到在利益最大化这一组织目标下，工人所遭受到的残酷剥削及生存困境，他所进行的著名的新拉纳克工厂实验，就是试图变革这一组织目标的早期尝试。

欧文的实验

与当时资本家过分注重机器而漠视工人的普遍做法不同，欧文在实验过程中，不仅主动将工人的工作时间从 13～14 小时缩减到 10.5 小时，而且为工人及其家庭提供尽可能宜居的住所，供工人闲暇时消遣的、有正面导向的娱乐场所，教育工人幼小子女的"性格陶冶馆"（现代幼儿园的雏形），等等。[2]欧文的工厂实验超越了资本家单方的利益考量，兼顾资本家、工人及社区等多方构成的整体

---

[1] 奥尔德里奇，吕夫，李普曼.组织演化论[M].方世建，杜运周，等译.北京：机械工业出版社，2023：1.
[2] 欧文所做的不止于此，他还积极推动劳动时间限制、禁用童工等保护工人利益的立法.欧文.欧文选集：第一卷[M].柯象峰，何光来，秦果显，译.上海：商务印书馆，2011：42-68.

利益。

这种兼顾改善工人住所、娱乐方式、子女教育等涉及社会整体利益的生产组织目标，显然超越了那种局限于资本家利益最大化的生产组织目标，具有价值共生意义上的新型组织目标的一些属性。就此而言，欧文的工厂实验可以被视为推动组织目标从资本家利益最大化转向兼顾资本家、工人、社区等多方价值最大化的先驱。欧文的工厂实验在当时取得了显著成效，他在 1812 年发表的《关于新拉纳克工厂的报告》引发了欧洲社会的广泛关注。1815 年他出版的《论工业制度的影响》一书，呼吁制定改善工人劳动条件的议会法案，并推动议会首次通过了限制工厂中女工和童工劳动时间的法案。然而，1824 年，欧文在美国印第安纳州买下 1214 公顷土地，开始新和谐移民区实验，试图在更大范围内推广实施新拉纳克工厂实验的成果时，实验却失败了。失败的原因也许是欧文的实验过于超前，难以见容于当时正处于发展时期的资本主义。但是，欧文的实验具有重要的历史意义：欧文是历史上第一个通过实验验证公有制与大生产之间紧密联系的人，他的实验如改善工厂工作条件、促进实验性社会主义社区的发展、寻求教育与生产劳动相结合的方式等，为社会主义社会尤其是社会主义组织的建设积累了非常宝贵的经验。

两大阵营的实践

19 世纪上半叶，随着工厂制度在欧洲的普遍建立，资本主义私有制与生产社会化的矛盾日益彰显，资本家与工人的阶级矛盾也日趋尖锐。如此，在此起彼伏的工人运动中，资本家追求利益最大化的方式逐渐从强制延长工人的劳动时间转向引进先进技术以提高工人的劳动效率，从而在满足工人缩短工作日等要求下，通过缩短必要劳动时间（从而延长剩余劳动时间）的方式实现剩余价值最大化。这种转向，用马克思的话说，就是绝对剩余价值生产方式向相对剩余价值生产方式的转变。这一转向或转变的进步性在于，不同于绝对剩余价值生产方式，相对剩余价值生产方式充当了历史的不自觉的工具，它一方面推动了科学技术的发展，另一方面推动了固定工作日的普及化和缩短化，从而在一定程度上改善那些有损工人身心健康的工作条件，允许工人享有相应的闲暇时间。但这只是在资本主义框架下缓解而非根除劳资矛盾。利益（剩余价值）最大化在生产组织层面致使资本家与工人被置于利益对立的位置上，一方利益的增加以另一方利益的减少为前提。因此，在马克思等人看来，除非瓦解资本主义制度，否则资产阶级与无产阶级的阶级斗争是不可避免的，并且只要资本主义生产关系还有容纳生产力发展的空间，资本主义就不会被社会主义所完全替代。换言之，生产组织目标从利益（剩余价值）最大化向价值（共生价值）最大化的转变在整体上会是一个长期的过程。

进入 20 世纪后，世界分化为资本主义阵营与社会主义阵营两大阵营。在这个"一分为二"的世界中，人类生产组织在两种不同环境下经历了不同的演化。在资本主义阵营中，为了回应工人运动的内部压力及来自社会主义阵营的外部压力，涉及保障工人的就业机会、最低工资、失业救济、休假、养老、选举权等权益的立法陆续出台。这些立法使得保障工人权益成为企业组织生产运营必须承担的法律义务。履行这一义务所付出的成本对企业组织而言是外部性的，是与法人或股东的利益最大化相抵触的，因而是企业所有者或管理者在法律允许的范围内力图削减甚至逃避的。也正因为如此，这些所谓的保障工人权益的立法并没有真正推动利益最大化向价值最大化转变，而只是资本主义国家为应对内外压力而引入的一种制度安排，它们以外部成本的形式构成了资本家与工人之间张力关系的基础。

在社会主义阵营中，生产组织或被改造为社会主义国有化组织，或本身就是新成立的国有化组织，劳动者以成员身份隶属于不同的组织，并按照生产计划进行劳动，以及凭借各自所提供的劳动量换取相应的工资。这些组织的目标在局部上是促进集体价值最大化，在整体上是促进社会价值最大化，前者通过中央计划等方式成为后者的有机组成部分。就此而言，不同于资本主义生产组织的目标，社会主义生产组织的目标不是促进少数人（资本家）利益最大化，而是促进所有人价值最大化。然而，在实践过程中，中央计划与官僚管理体制不仅导致组织生产效率低下，生活物资匮乏，还导致了劳动者与管理者之间的疏离，彼此之间缺乏信任。在内外压力的共同作用下，苏联解体和东欧剧变相继发生，相应的生产组织也随之解体或经历了艰难曲折的演化。

伴随着冷战的结束，特别是新技术革命的兴起以及科学技术的迅猛发展，产业革命的演进和企业规模的扩大，加之人们在价值观上的更新，人们越来越关注世界整体的利益，也就是人类乃至整个宇宙的价值。路德维希·冯·米瑟斯（Ludwig von Mises）强调"为了共同的生存和劳作，人们才联合成为一个社会整体，这个整体的利益不能受到损害，因为它的存在就是每个社会成员的个人利益之所在"[⊖]。米瑟斯所强调的这一点在今天已成为人们的普遍共识，在商业企业领域，呈现为"企业社会责任"与"企业公益运动"的兴起。企业社会责任要求企业必须超越把利润作为唯一目标的传统理念，强调在生产过程中对人的价值的关注，强调对环境、消费者、对社会的贡献。

二、企业社会责任的兴起

1970 年 9 月 13 日，诺贝尔奖得主、经济学家米尔顿·弗里德曼在《纽约时报》上发表了题为"企业的社会责任是增加利润"的文章，指出"企业的一项也是唯一的一项社会责任是在比赛规则范围内增加利润"。以他为代表的自由主义经济学家们认为，企业作为市场经济的主体，其合法性是在法律范围内为股东创造商业价值，市场机制将会自动实现社会价值最优。因此利润最大化是企业的天然使命。而以卡罗尔、弗里曼为代表的持社会经济观的经济学家们则认为，利润最大化是企业的第二目标，企业的第一目标是保证自己的生存。为了实现让自己生存这一目标，企业必须承担社会义务以及由此产生的社会成本。它们必须保护社会福利，融入自己所在的社区及资助慈善组织，从而在改善社会中扮演积极的角色，并以此获得社会道德规范下的合法性。

___
⊖ 米瑟斯.自由与繁荣的国度[M].韩光明，等译.北京：中国社会科学出版社，1995：73.

行善赚钱

有关商业伦理与社会道德，最为大家所熟悉的是阿奇·卡罗尔（Archie Carroll）的企业社会责任金字塔（见图 4-1）⊖。

图4-1　卡罗尔的企业社会责任金字塔

资料来源：CAROLL A. The pyramid of corporate social responsibility: toward the moral management of organizational stakeholders[J]. Business Horizons, 1991, 34（4）: 39-48.

卡罗尔以四个层次的责任组成商业伦理的内容，在经济责任中强调企业必须赢利，并且赢利是履行其他责任的基础。更高层次的责任是法律责任，确定人们之间的游戏规则，然后是道德责任，强

⊖　布里奇曼，卡明斯. 管理学的进化 [M]. 原理，李璐薇，钟家渝，译. 北京：中国人民大学出版社，2023：183.

调那些没有写进法律的责任，包括社会规范、价值观等，而最高层次的是慈善责任，强调企业公民的角色与贡献。

德鲁克持有一种更加平衡的企业责任观，他一方面认同弗里德曼的观点，"对企业而言，赢利的确是首要的责任。如果一个企业不能赢利，反而白白消耗了社会资源，就是没有承担社会责任"⊖；另一方面也持有和卡罗尔相同的观点，认为"赢利并不是企业唯一的责任"，他甚至把企业比作社会的器官。为此，德鲁克提出了社会责任的新思路——"行善赚钱"，即要赚钱就必须行善。他认为随着时代的发展，社会面临越来越大的挑战，这些挑战已经不能只依靠政府去应对，而是全社会的共同责任。因此，企业的目标不能仅仅是创造商业价值，还包括不断创造社会价值。"组织是社会中的组织，在其能力范围内，的确有责任去寻找基本社会问题的解决之道，并把这些社会问题转化为自身发展的一种机遇。"⊜

社会责任新模式

企业创造的价值可以概括为两类：一类是商业价值，主要指企业通过生产产品或服务获取利润进而为股东创造的价值；另一类是社会价值，主要指企业在商业价值之外为社会创造的价值，包括员工价值、产业链价值、社区价值等。

从 20 世纪 50 年代开始，企业社会责任就成为经济学和管理学

⊖ ⊜   德鲁克 . 知识社会 [M]. 赵巍，译 . 北京：机械工业出版社，2021：98.

领域关注的热点，而到了 20 世纪末期及 21 世纪初期，企业社会责任开始成为企业家和管理层关注的热点，并被纳入企业绩效考核。2019 年 8 月 19 日，美国 181 位 CEO 联合更新了《公司宗旨宣言书》，他们一致认为，在未来，股东利润不应该再是企业最重要的目标，企业最重要的任务是共同创造一个更美好的社会。越来越多的企业实践说明，企业社会责任包括为顾客创造价值、为员工创造价值、与供应商公平合理地进行交易、为社区创造价值以及为股东创造长期价值这五个方面。2020 年全球暴发新冠疫情，我们近距离地感受到了众多企业承担社会责任的行动与成效。通过对中国企业实践的观察和研究，我们得到了企业社会责任新模式 ⊖。

图 4-2 可以帮助我们更直观地理解企业社会责任新模式。传统企业社会责任模式主要指企业通过生产产品或服务创造商业价值 V_1，此外，还会通过一部分公益捐款间接创造小部分的社会价值 V_2，企业所创造的总价值是 V_1+V_2。而企业社会责任新模式扩大了企业创造的总价值，并带来了社会价值和商业价值的双赢。在社会价值和商业价值共生的思路下，一方面企业可以创造商业价值 V_3（大于 V_1）；另一方面企业创造了社会价值 V_4（大于 V_2），企业所创造的总价值是 V_3+V_4。

⊖ 陈春花，尹俊. 新冠肺炎疫情下企业 CSR 新模式 [J]. 哈佛商业评论（中文版），2020（3）：136-138.

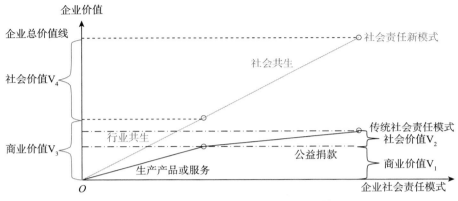

图4-2　企业社会责任模式与企业价值

　　如今，绝大部分企业都在寻求与行业共生、与社会共生的发展模式。马化腾在 2021 年提出了"CBS⊖ 三位一体的发展思路"。他在腾讯 2022 年发布的《腾讯可持续社会价值报告》中再一次阐述了这一思路，并将其贯彻到了腾讯的战略之中。

　　我用"CBS 三位一体"的思考，来看腾讯在这一方向上的成长。腾讯以 QQ 产品为起点，后来又有了微信，在服务用户中快速发展。随着数字科技的飞速发展，越来越多的行业开始数字化、智能化，我们也在 2018 年提出了"扎根消费互联网，拥抱产业互联网"的战略升级，以助力实体经济。我们越是深入其中，越是看到社会的方方面面，包括弱势群体对我们的期待、对利用数字技术的迫切需求；于是，我们在去年再次进行战略升级——我们的服务对象就这样从用户（C）发展到产业（B），再到社会（S），最终指向是为社会创造价值。

　　　　⊖　CBS，即 corporate social responsibility 的简称，企业社会责任。

这意味着，对可持续社会价值的投入，就像我们投入研发一样重要，表面看是成本，实质是巩固了企业发展的底座。这就像百年成林的大榕树，在社会的土壤里，创造可持续社会价值的根扎得越深，长在上面的用户价值和产业价值就越枝繁叶茂。反过来，我们把用户价值和产业价值做得越好，就能吸收越多的阳光和养分，反哺根部的社会价值。CBS 三者相辅相成，三位一体。[⊖]

我们可以把腾讯所投入努力的可持续社会价值创造，理解为德鲁克所倡导的"社会创新"。在德鲁克看来，社会创新带来的影响力，与技术创新同等重要。这一观点亦被评价为德鲁克对社会责任领域做出的最大贡献。可见，企业通过履行社会责任所做的贡献，不仅拓展了自己的绩效范畴，而且这种绩效超越了纯粹的商业价值追求（即利润最大化）。

21 世纪初，在美国兴起而后扩展到欧洲的"公益企业运动"，是对股东至上主义的自觉性反抗。公益企业运动代表了这样一种经营方式，它重点考虑的不是股东利益或股票价值最大化，而是企业、社区、顾客、员工以及地球本身等所有要素是如何紧密相连的，用孟睿思的话说，"这种全新的经营方式正在推动资本主义从 20 世纪的股东财富最大化模式向社会价值最大化的全新模式发展"[⊖]。2007年由"公益实验室"发起并领导推动的企业组织目标转变运动，破除了股东至上是天然的且更有益于投资者乃至所有人的迷思，它积

⊖　参见腾讯文化公众号发布的文章《马化腾：敢于做难而正确的事》。
⊖　孟睿思.商业进化：共益重新定义商业成功 [M].邱墨楠，译.北京：中信出版集团，2022：XXII.

极推动那些自觉承担社会责任的企业，通过公益企业认证，联合起来形成改变股东财富最大化的力量，促使更多企业不仅要考虑股东的利益，还要考虑顾客、员工、社区乃至社会的利益。这是一种寻求利益相关者价值共生的运动，一种推动股东财富最大化向社会价值最大化转变的现实运动。

第五章
CHAPTER 5

知识的价值

啊，人啊！知识，这是大自然的礼物，
因为它给予了你获得一切必需的智慧。

——大卫·休谟（David Hume）

在科学技术创新引领的 21 世纪，知识与创新成为社会发展的核心驱动要素，同时知识人才成为生产力的真正来源，知识成为最基本的资源。事实上，最近 50 年来能够取得发展的传统产业，都是因为它们本身进行了以知识和信息为中心的改造；而在传统企业面向未来所做的变革与转型中，都是因为企业自身进行了数字化转型，知识社会蓬勃兴起。"如今，权力的基础是知识""自伊甸园起，知识与权力就是人类所面临的问题。如今，它们已经成为关乎人类生存的核心力量"。[一] 由此，思考如何运用知识，使得知识所创造的价值最大化而非利润最大化，是人类通往共生之路要聚焦的一个重要课题。

[一] 德鲁克.已经发生的未来 [M].汪建雄，任永坤，译.北京：机械工业出版社，2019：
227-228.

一、认知知识

　　什么是知识？有关知识的讨论，的确是一个历久弥新的问题，至少在古希腊时期，苏格拉底就问过这个问题：知识到底是什么？事实上，人类一直在追问这个问题，而且希望拥有答案。因为只要讨论到人类、人性以及人在宇宙中如何认识自己，就不得不讨论知识——它涉及四个重要的内容：第一，人能否认知？第二，人如何认知？第三，人的认知所能达到的程度和范围是什么？第四，真理的标准是什么？讨论知识的问题，就是讨论人与世界、人与自我、人与一切外在事物的关系问题。

知识概念的溯源

　　我们从西方最早问"知识是什么？"的人——苏格拉底开始回溯。"知识是什么？"他问泰阿泰德。泰阿泰德说："某人知道某事，从觉察的角度来说，知识就是感觉。"这是有记录以来最早的给知识下的定义。那么这种感觉是什么？"感觉"是人的心理过程，是对作用于感官器官的事物的心理反应，是一个需要描述的东西，我们能感受到却难以说出来，即便说出来，也会因人而异。[⊖]下面我们简要

　　⊖　值得提及的是，泰阿泰德不仅是柏拉图的经典对话《泰阿泰德》中的人物，还是古希腊数学史上鼎鼎有名的数学家，因此停留在"知识论"是不够的。"柏拉图以极精妙的'笔法'暗示，如果只看到所谓的'知识论'，而看不到'知识'与'灵魂之美'的内在共契，那就无法理解，何以《泰阿泰德》开篇首先表彰的是其卓著军功和为母邦雅典英勇赴死的气概而非皇皇数理成就。"贾冬阳.谁是泰阿泰德的"灵魂托管人"——柏拉图《泰阿泰德》"143d-144d"发微 [J]. 海南大学学报（人文社会科学版），2023（1）：13-20.

做一下有关"知识"概念的梳理。

　　第一种回答：知识是一种思想状态，得到证成的真信念，就是知识。"得到证成的真信念"（justified true belief，JTB）即知识，至少可溯源至柏拉图的理念论。柏拉图的理念论认为，人类是从理念世界坠落人间的，在理念世界之时人类拥有完满的知识，只是因为在坠落过程中遗忘了，因而需要通过回忆来记起先前拥有的知识。《如何理解柏拉图的"知识"和"信念"？》一文的研究有助于清晰理解柏拉图式的知识概念，它如此写道 [⊖]：

　　"真信念"与"知识"之间的区分不是"种类上的"区分，而只是"程度上的"区分，也就是仅仅在于"稳固性"或者时间上的持久性方面的不同。"知识"是"信念"这个大的集合下面的一个子集，如下图所示：

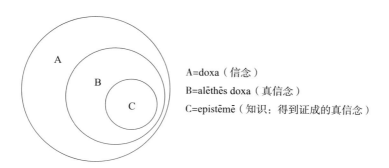

A=doxa（信念）
B=alēthēs doxa（真信念）
C=epistēmē（知识：得到证成的真信念）

　　第二种回答：把知识变成一种对象。无论知识是不是感觉，它都可以被拿来衡量和认知。从泰阿泰德的"知识是感觉"到普罗泰

　　⊖　詹文杰.如何理解柏拉图的"知识"和"信念"？[J].世界哲学，2014（1）：24-34，160.

戈拉的"人是万物的尺度"，皆是以人作为认知的主体和尺度。事实上，如果没有人作为认知的主体和尺度，就没有办法给万物下定义。与第一种回答不同，依据第二种回答，知识不再仅仅是对理念的回忆或信念，而是以万物为其内容。

第三种回答：知识来源于认知和行动的过程。日本学者野中郁次郎认为"知识是被人们确认的一种信念"。他还提出了另外一个视角：知识是获取信息的条件，组织中的知识有两个维度——"隐性知识"和"显性知识"。

第四种回答：知识是影响未来行为的潜在能力。这一点可以理解为知识改变命运，即通过知识来改变人和外事外物。德鲁克从这个角度下的定义是："知识是一种能够改变某些人或某些事物的信息，这既包括了使信息成为行动的基础方式，也包括了通过对信息的运用使某个个体（或机构）改变能力或采取更为有效的行为方式。"

第五种回答：怀疑论的答案。阿格里帕（Agrippa）认为"我们没有任何知识"，知识是你想象出来的，这是不真实的。

今天，我们通常所采用的知识定义为，人类对物质世界和精神世界所做探索的结果总和。知识的概念是哲学认识论领域最为重要的一个概念。柏拉图关于知识的界定有一定合理性：一条陈述能称得上是知识必须满足三个条件，即它一定是被验证过的，正确的，而且是被人们相信的。知识的价值判断标准在于实用性，以能否让人类创造新物质，得到力量、权力等为考量。所以，德鲁克更进一步，为知识下了如下的定义：知识是一种增强实体有效行为能力的合理信念。

数据、信息、知识和智慧

我们再从另一个维度来加深对知识的理解。一般而言，人们认为数据是事实和数字的非结构化集合；信息比数据高一个层次，它是结构化的数据；知识比信息更高一个层次，它是关于信息的信息。我们在此基础上，再加上"智慧"。拥有知识不等于拥有智慧。特别是在数智时代，区分数据、信息、知识、智慧这四个概念显得更为重要，如果混淆了这四个概念，就无法真正理解知识的价值，且无法实现数智化转型。

数据：未加工的事实和数字。数据无处不在，数据是对客观事物的呈现，可以用来表示一个事实、一种状态、一个实体的特征，或一个观察的结果，是原始的、无组织的素材。正如某位管理学者所言，数据是对高层管理人员影响最小的非结构化事实和数字，所以数据可以被人们从各个不同的角度来使用。我们曾经到两个地区去调研，第一个地区告诉我们，该地区是全国县级市中 GDP 总量最高的，但是没有说该地区的人口数量排名第一；第二个地区告诉我们，该地区是全国县级市中人均 GDP 水平最高的，但是没有说该地区的人口数量排名靠后。这两个数据都是事实，但是对于客观判断地区的竞争力，有可能会带来偏差。数据，就是未经加工、未经确定的事实和数字而已。

信息：处理过的数据。达文波特与普鲁萨克（Davenport & Prusak）指出，要使数据成为信息，必须将其置于背景中进行研究、分类、计算和压缩。[⊖] 信息与数据，既有联系又有区别，信息由数据加工得来，它又以数据的形式表达。从本质上说，信息可以在以谁、什么、在哪里、何时和多少人为开头的问题中找到。为什么要从数据过渡到信息？因为，没有处理过的数据，就没有办法用于做价值判断。1948 年，信息论创始人、美国数学家香农（C. E. Shannon）发表了一篇有着深远影响的论文——《关于通信的数学原理》，在该文中，他明确指出了"信息是用来消除随机不确定性的东西"。只要是能够表达确切含义的数据，就可以被称为信息，信息能够消除不确定性，为决策提供依据。

知识：鉴别过的信息。知识是对信息的总结和提炼，需要经历一个判断、识别和取舍的过程。知识是与行为相关的。知识也可以说是个人化的信息，它与事实、程序、概念、解释、思想、观察和判断有关；知识是个体（或组织）对信息梳理和加工的过程，个体（或组织）需要有方法论，并自行做出判断。达文波特与普鲁萨克如此定义知识：知识是经验、价值观、背景信息、专家见解和基于直觉的流动组合，为评估和整合新的经验信息提供环境框架，它起源并应用于智者的头脑中。在组织中，它不仅深入到文档或存储库中，

⊖ 达文波特和普鲁萨克在知识管理领域有着深厚的造诣，他们对数据、信息和知识的定义及其关系有着深入的理解。他们认为，数据是"离散的关于事件的客观事实"，而信息则是一种旨在改变接受者对某种事物的观念、能够引发行动的数据。知识则是相互关联的、可付诸行动的、至少部分基于经验的信息，它体现了对过程、形势、互动、技术和价值等方面的深入理解。

而且还深耕到组织的常规、实践和规范中。很多时候，我们错把别人的知识当成了自己的知识，其实别人的知识只是我们的信息，我们只有对别人的知识做出判断、识别和取舍，才能将其转化为属于我们的知识。验证信息与知识最简单的方法就是，我们能不能做出自己的判断、识别和取舍，因此，知识本质上是个动词。知识可以说是人类特有的一种资源。正如德鲁克所言，"书上没有知识，只有信息；知识是在特殊的工作和行动中运用信息的能力。技术是在工作中运用自然科学，是知识的一种"。

智慧：正确判断、决策以及创造。智慧是一种综合运用知识创造价值的能力，也是一种对未知洞察和预见的能力。智慧既包含了对已知数据、信息和知识的综合运用能力，更具有创造性地解决复杂问题的能力，同时也包含了对未来预测和创造新价值的能力。智慧一词出自《墨子·尚贤中》："夫无故富贵、面目佼好则使之，岂必智且有慧哉！若使之治国家，则此使不智慧者治国家也，国家之乱既可得而知已。"梵语"般若"的意译，即辨识万物本源的智慧，佛教谓之为超越世俗认识，达到把握真理的能力。《大智度论》卷四十三中如此写道："般若者，秦言智慧。一切诸智慧中最为第一，无上无比无等，更无胜者，穷尽到边。"我们通过"知识流动链"来理解数据、信息、知识（内化为认知）与智慧之间的关系，如图 5-1 所示。

人们把数据加工成信息，再通过识别、判断构成知识并内化为认知，然后投身到行动中获得成效反馈，最后拥有智慧。我们用一个小案例来佐证知识流动链。2004 年 12 月 26 日的早晨，正在普吉岛散步的 10 岁英国小女孩蒂莉·史密斯"突然看见海水开始冒泡并

图5-1　知识流动链

资料来源：KAKABADSE N K，KAKABADSE A，KOUZMIN A. Reviewing the knowledge management literature：towards a taxonomy[J]. Journal of Knowledge Management，2003，7（4）：75-91.

发出咝咝声，就像煎锅一样，海水在涌来，却不再退去"，她一下就认出这是海啸很快要来临的迹象，并向人们发出了警告，这一举动挽救了大约100名正在泰国一处海滩上游玩的人。面对这样重大的灾难，一个10岁的小女孩能够正确判断，正是因为她拥有关于海啸的知识以及对"所拥有知识"的综合运用能力，最后达致智慧，并凭借其智慧挽救了众多人的生命。

怀特海在《教育的目的》一书中提出了智力发展三阶段：浪漫—精确—综合运用。在浪漫阶段，通过直观获得对世界的认识而不加以分析；到了精确阶段，侧重对知识的分析，从而获得精确的阐述；综合运用阶段，则是指在前两个阶段的基础上对知识进行分类整理，然后回归一开始的浪漫阶段，重新认识对象。在中国传统文化中，人生也有类似的三重境界：第一重，看山是山，看水是水；第二重，看山不是山，看水不是水；第三重，看山还是山，看水还是水。真正拥有知识，必然是一个内化、实践、提升的过程。王阳明说："真知即所以为行，不行不足谓之知。"宋元之际儒学家金履祥在其所著《论语集注考证》中写道："圣贤先觉之人，知而能之，知行合一，后觉所以效之。"以上种种明示，知行合一，才能真知。

从古至今，关于知识的定义一直没有形成共识，这或多或少与人们对"文化"的理解相类似。"文化"的概念宽泛且无法达成共识，人们从生活方式、思维方式、习俗、默认的规则、潜规则、符号象征等无数个视角去定义它。我们把知识和文化两个概念放在一起，是想说明：它们是不断演化和验证的过程，人们对知识认知的提升，可以拓宽和加深对外界的理解，知识可以支撑和增强人类的能力，最终达致智慧，并改变人类的命运。这就是知识无可替代的功能与价值。

二、知识生产力

2024 年 6 月国家互联网信息办公室发布的《数字中国发展报告（2023 年）》报告指出，数字经济核心产业增加值占 GDP 比重 10% 左右；累计建成 62 家"灯塔工厂"，占全球总数的 40%；连续 11 年成为全球第一大网络零售市场，其中 2023 年网上零售额为 15.42 万亿元，同比增长 11%。在 2024 年 7 月举办的全球数字经济大会上，中国信息通信研究院发布的《全球数字经济白皮书（2024）》显示，2023 年，美国、中国、德国、日本、韩国 5 个国家数字经济总量超过 33 万亿美元，同比增长超 8%；数字经济占 GDP 比重为 60%。⊖ 数

⊖　郭倩.数字经济将迎来多重利好 [EB/OL].（2024-07-03）[2024-12-30]. http://www.jjckb.cn/2024-07/03/C_1310780324.htm.

字经济作为经济学概念，是人类通过大数据（数字化的知识与信息）的识别—选择—过滤—存储—使用，引导并实现资源的快速优化配置与再生，推动经济高质量发展的经济形态。简单理解，数字经济就是围绕着知识与信息所展开的一系列经济活动的总和，因此，知识与信息成为核心生产要素，"知识的生产力也日益成为决定经济与社会能否成功，以及整体经济表现的要素"[⊖]。

　　知识生产力是指将人类的知识运用于生产过程而产生的生产力，是通过劳动者的知识素质、知识产品、智能化生产设备等表现出来的生产力。马克思曾把知识的积累称作"社会智力的一般生产力的积累"，把知识称作"一般社会生产力（如科学）的力量"。知识如何实现从一般生产力向现实生产力的转化，德鲁克提出的"知识工作"（knowledge work）与"知识工作者"（knowledge worker）两个概念帮助我们找到路径。德鲁克在 1960 年前后创造出"知识工作"与"知识工作者"这两个新词，以此来强调"生产资料"不再是资本、土地，也不再是劳动力，而是"知识"。"价值由'生产力'与'创新'来创造，二者都将知识运用于工作之中。"[⊖]这意味着主要创造财富的源泉不再是自然资源、资本或者劳动力，而是知识与知识工作者。

知识对生产力革命的贡献

　　对于知识对生产力革命的贡献，德鲁克在《知识社会》第一章

　　⊖　德鲁克. 知识社会 [M]. 赵巍，译. 北京：机械工业出版社，2021：182.
　　⊖　德鲁克. 知识社会 [M]. 赵巍，译. 北京：机械工业出版社，2021：7.

"从资本主义到知识社会"中加以阐述和分析，并明确指出，知识意义发生了根本性改变，从而驱动了工业革命的发展，具体表现在三个阶段中。第一个阶段，知识应用于生产工具、生产流程和产品的创新，从而产生了工业革命。"搜集、编纂并出版流传千年的技术，把经验转为知识，把工匠师傅的言传身教转为书本，把技术的秘密转为方法论，把工艺流程转为应用知识。"⊖这些都成了现代"工业革命"所必需的要素。

第二个阶段，知识被赋予了新的意义，应用于工作之中，引发了"生产力革命"。德鲁克认为，自"泰勒将其知识应用于工作后的短短几年中，社会生产力便以 3.5% ～ 4% 的速度持续递增，这就意味着社会生产力每隔 18 年左右就会翻一番。自泰勒时代至今，所有发达国家的生产力水平均已提高了 50 倍左右"⊜。这种社会生产力的提高前所未有，使得发达国家的生活水平与生活质量明显改善。

第三个阶段，知识应用于知识本身，就是"管理革命"。知识正在成为首要的生产要素，使资本和劳动力居于次要的位置。在德鲁克看来，"知识是今天唯一有意义的资源"。将知识应用于知识本身，也就是有了有效的管理之后，我们往往能获得其他资源。以韩国为例，韩国用短短的 25 年迅速成为世界发达国家的原因之一，就是"韩国采用美国高校的教育模式培养有为青年，并引进、消化、吸收美国的管理模式"⊜。

⊖　德鲁克.知识社会 [M].赵巍，译.北京：机械工业出版社，2021：27.
⊜　德鲁克.知识社会 [M].赵巍，译.北京：机械工业出版社，2021：35.
⊜　德鲁克.知识社会 [M].赵巍，译.北京：机械工业出版社，2021：41.

知识成为直接的生产力

尼科·斯特尔（Nico Stehr）把知识分为意义的知识、生产性知识以及行为知识。其中行为知识是最为先进的知识形式，这样的知识已经是社会行为的一个直接形式，它是直接的行为能力，包括创造更多的（新）知识的能力。他指出：从 20 世纪中叶开始，科学日益成为一种"直接的生产力"[⊖]。奈斯比特概括了社会发展的十大趋势，其中最核心的趋势是"从工业社会向信息社会的转变……在信息社会里，我们使知识的生产系统化，并加强我们的脑力。知识和宇宙中的其他力量不一样，它不适用于守恒定律：知识可以被创造出来，可以被毁掉，而最重要的是它有合作增强的作用，也就是说，整体的值大于各部分的和……'知识生产力已经成为生产力、竞争力和经济成就的关键因素。知识已成为最重要的工业，这个工业向经济提供生产所需要的中心资源'"[⊜]。德鲁克也同样认为"知识的生产力正在日益成为决定经济与社会能否成功，以及整体经济表现的要素"[⊜]。

知识成为直接的生产力，意味着人类大部分生产活动很大程度上已经在知识生产、传播、应用中展开，由此，对于知识的投资已然成为一个国家或者企业获得竞争力的决定性因素。知识资本表现为劳动力在生产劳动中积累的科学技术和管理经验，尤其是科学技术。美国《财富》杂志的编辑托马斯·A. 斯图尔特（Thomas A.

⊖ 斯特尔 . 知识社会 [M]. 殷晓蓉，译 . 上海：上海译文出版社，1998.
⊜ 奈斯比特 . 大趋势：改变我们生活的十个新趋向 [M]. 孙道章，等译 . 北京：新华出版社，1984：10，15.
⊜ 德鲁克 . 知识社会 [M]. 赵巍，译 . 北京：机械工业出版社，2021：182.

Stewart）分别于 1991 年 6 月和 1994 年 10 月，在美国《财富》杂志上发表了《知识资本：如何成为美国最有价值的资产》和《你的公司最有价值的资产：知识资本》的文章，他认为知识资本已经成为美国最重要的资产，他还论证了知识资本是企业、组织和国家最有价值的资产。近 40 年来，世界上的发达国家以及领先企业的实践都证明了，科学技术、知识创新与转化的能力是表现优异的根本原因。相反，如果企业或者国家，只停留在旧知识的运用、开发和利用上，就会陷入落后的境地，哪怕是拥有庞大的汽车产业集群的欧洲，因其没有跟上汽车制造技术的发展步伐，也已从行业领先者变为跟随者；哪怕是拥有全球领先的数码技术知识的柯达，因其无法将之转化为生产力，也只能被数字技术时代淘汰。相比较于其他因素，在今天，知识生产力不足，已成为导致企业、国家或者地区衰退的主要因素。

三、知识社会

20 世纪 80 年代中期，日本学者堺屋太一出版了畅销书《知识价值革命》，在该书中，堺屋太一在丹尼尔·贝尔等人关于"后工业社会"观点的基础上，试图解开"后工业社会"之谜，描述这个新社会到底是一个什么样的社会。堺屋太一选择从价值学说入手，从古代社会开始探索"价值"的含义，以各个时代公认的消费思想，即审美观和伦理观念作为研究脉络，透过其变化来描述社会变革及其结构。在他看来，"消费资源多体面的审美观，以及把使之实现视为正义之事业的伦理观念，正是工业社会的基本精神"[⊖]。

　　与工业经济发展相伴随的是石油等资源的损耗，以及后者的匮乏终会成为制约经济发展的主要因素。"那么，今后将变得丰富起来的东西是什么呢？它一定是广义的'知识'。"[⊜]堺屋太一据此预测新社会是一个"知识价值社会"，并为此把书名也确定为"知识价值革命"。堺屋太一认为，在知识价值社会里，"知识的价值"会成为经济增长和资本积累的主要源泉，相应地，人们的审美观和伦理观念也会发生剧变。在这个新社会里，大量消费"知识"的生活方式将会受到尊敬，含有"知识价值"的商品将会畅销，新社会将是一个"知识的价值占支配地位的社会"[⊜]。所以，他在书中对未来社会做了一个判断：未来是一个"知识价值社会"。在他看来，"'知识'这种东西，因过去的知识和经验的积累而增加，因教育和信息流通的发达而普及，由人们的感性和思辨而创造"。^㉕

知识社会的定义

　　现在，我们就来理解一下这个新社会——知识社会。根据尼科·斯特尔的考证，最早提出"知识社会"概念的是美国社会科学

　　　　⊖　堺屋太一.知识价值革命 [M].黄晓勇，韩铁英，刘大洪，译.北京：生活·读书·新
　　　　　　知三联书店，1987：27.
　　　　⊜　堺屋太一.知识价值革命 [M].黄晓勇，韩铁英，刘大洪，译.北京：生活·读书·新
　　　　　　知三联书店，1987：43.
　　　　⊜　堺屋太一.知识价值革命 [M].黄晓勇，韩铁英，刘大洪，译.北京：生活·读书·新
　　　　　　知三联书店，1987：44.
　　　　㉕　同⊖。

家罗伯特·莱恩（Robert Lane），他在 1966 年发表的《知识社会中的政治和意识形态的衰落》一文中，通过说明科学知识的日益增长的社会意义，来证实知识社会概念的使用是正确的。如前所述，丹尼尔·贝尔认为后工业社会就是一个知识社会，而彼得·德鲁克在1992 年出版的《知识社会》一书中，开篇就写道："短短几十年内，社会对其自身，包括它的世界观、基本价值观、社会与政治结构、人文学科以及重要机构等，进行了重组。50 年后，又会出现一个新世界，此时出生的人已经无法想象过去父辈、祖辈出生和成长的时代风貌了。如今，我们就生活在这样的变革中，它正在创造'知识社会'，这正是本书所要探讨的主题。"[⊖]

在今天，"知识社会"已经是一个普遍认同的概念，莱恩最早为"知识社会"这一概念做了界定，在他的定义中，知识社会涵盖了人类对自身、自然、社会的信念，真实真理的客观标准，资源投入，知识组织与解释，以及运用知识等多个方面。随后，贝尔、斯特尔、德鲁克等人都做了明确的界定，从他们的定义中，我们可以了解到，"知识社会"是一个注重探究和科学推理、教育高度发达、资源投入集中于知识领域、知识资源丰富、知识组织完善与解释力强大的社会。它不仅运用知识来倡导和塑造价值观和目标，还运用知识来修正价值观和目标。

德鲁克曾指出，20 世纪，企业最有价值的资产是它的生产设备。21 世纪，最宝贵的资产（不论是商业还是非商业机构）将是知

⊖　德鲁克.知识社会 [M].赵巍，译.北京：机械工业出版社，2021：1.

识工作者及其生产力。他写过这样一段话："无论在东方还是在西方，知识一直被视为'道'（being）的存在，但几乎一夜之间，它变为'器'（doing）的存在，从而成为一种资源，一种实用利器。"[一] 当前，"道""器"双融也许正是"知识"价值不可限量的原因，而其核心还在于"知识人"。

德鲁克认为，虽然人们对于"知识人"的定义并未达成一致，甚至反对者认为根本就不存在"知识人"，但是将来的知识社会必须将"知识人"概念置于核心位置；而且未来的"知识人"既要能运用自己的技术，即自己的专业知识，也要能将知识视为实现组织运营目标的一种手段，前者是"知识人"角色，后者是"经理人"角色。在知识社会里，很多人都会同时生活或工作在这两种文化之中，经历两种角色的轮换。德鲁克也强调，知识社会可能"需要更多地在专业领域做得更精、更细的'专才'。但是，我们更需要通盘理解各门专业知识的能力，而这种能力正是知识社会要求'知识人'必须具备的"[二]。在《知识社会》一书的结尾处，他更是明确地表达自己的观点："未来社会最大的改变一定会发生在知识领域——知识的形式与内容、知识的意义、知识的责任以及'知识人'的含义等。"[三]

知识价值效用

堺屋太一从知识价值革命及其效应角度预测了组织目标变化的一

[一] 德鲁克.知识社会 [M].赵巍，译.北京：机械工业出版社，2021：17.
[二] 德鲁克.知识社会 [M].赵巍，译.北京：机械工业出版社，2021：212.
[三] 德鲁克.知识社会 [M].赵巍，译.北京：机械工业出版社，2021：215.

种可能情况。他写道，20 世纪 80 年代出现的以电子、计算机、通信为中心的电子科学与技术的巨大进步，"其产生的影响有三：第一，省力化；第二，省资源化；第三，多样化与降低成本"[⊖]。这些影响不仅将使物质价值中的绝大部分由知识价值所呈现，知识价值也将成为商品价值的一般形态，并具有依赖社会主观意识而存在的本质，且唯有知识价值的创造才是价值形成的主要路径。堺屋太一将这称为知识价值革命，并据此预测工业社会之后的下一个社会不是工业社会的高级形态，而是"知识价值社会"。因为"电子计算机通信技术的发达带来的第一个（最初的）社会影响是造成时间的剩余"[⊖]，因此知识价值社会是一个"时间过剩社会"。在这一社会中，"人们将不追求对资源、能源和农产品的大量消费，而是追求对时间与含有智慧价值即'知识价值'的商品的大量消费。因此，今后人们将认为'知识消费得越多越体面'，含有大量'知识价值'的商品将成为畅销货。当然，从事'知识价值'生产的人与产业也将增多"[⊜]。

在生产组织方面，知识价值革命使得人们的主要生产手段从工业时代的厂房、机器、原料等可以与劳动力相分离的物质财富，转变为知识、经验和感觉等与劳动力本身不可分割的精神财富。在以知识、经验和感觉为主要生产手段的"创造知识价值"的生产组织中，尽管一个劳动者的退出并不会导致该组织立刻解体，但是核心

⊖　堺屋太一.知识价值革命 [M].黄晓勇，韩铁英，刘大洪，译.北京：生活·读书·新知三联书店，1987：163.
⊖　堺屋太一.知识价值革命 [M].黄晓勇，韩铁英，刘大洪，译.北京：生活·读书·新知三联书店，1987：164.
⊜　堺屋太一.知识价值革命 [M].黄晓勇，韩铁英，刘大洪，译.北京：生活·读书·新知三联书店，1987：171.

人物的退出通常会给组织以相当程度的打击，至少会使组织被迫改变性质。这一点表明在知识价值社会中的组织，很大程度上依赖于属人性能力和性质，它需要许多具有专业知识和技能的个人的分工协同，但并不一定将他们都包含在一个组织里；并且由于在同一个组织中劳动的人们会相互交流和影响，知识、经验和感觉在某种程度上为大家所共有。[⊖]据此而言，堺屋太一描述的知识价值社会中的"属人性组织"已经具有共生组织的一些特性。

⊖   堺屋太一.知识价值革命 [M].黄晓勇，韩铁英，刘大洪，译.北京：生活·读书·新知三联书店，1987：194-202.

第六章

CHAPTER 6

时间（生命）的意义

我改变主意了。《时间简史》的视角错了。
——史蒂芬·霍金（Stephen Hawking）

当知识成为首要的生产要素，"知识人"被置于社会核心位置时，有关社会价值创造、生产力以及经济活动本身都将以人的价值与意义为基准，而时间正是其最直接的标准。从这个视角去看，时间的意义可以帮助我们去理解社会发展的变迁，以及为什么可以实现意义最大化的追求，而不受限于利益最大化。

时间价值的社会变迁

从人类社会发展的历史来看，有过不同的社会形态，如果我们按技术发展的脉络进行梳理，有农耕技术社会、工业技术社会、信息技术社会，而伴随着社会形态的变化，时间的价值内涵也在改变。

在农耕技术社会中，满足人们生存所需的财富创造，是从无到有的生产过程，人们开始学会使用工具并建立合作，但是无法驾驭自然。此时，时间的内涵就是纯粹的自然意义，也被称为"上帝的时间"，人类对此没有任何能力做出改变，只能在资源匮乏的困境中祈求所谓上帝的眷顾。

在工业技术社会，技术革命带来了极大的生产力提升，满足人们生存所需的财富创造也达到了前所未有的高度，产品数量从少到多迅速增长。人们通过对科学技术的理解和运用，可以自主地创造出超越自然的产品，从而有效解决了自然资源匮乏的问题。此时，时间的内涵转变为单位时间内能否产出更多，人们普遍认同"时间就是效率，效率就是生命"。

今天，我们来到信息技术社会，如前所言，人际互动与意识活动也已经参与到社会经济活动之中，人们满足生存所需的财富创造，不再是单纯的物质生产活动，而是叠加上了人际关系活动和意识活动；人们可以超越物质世界而进入到一个全新的世界，时间也不再是一维的，生产的产品也呈现出多样性、分散性、小型化以及创意性等特点。此时，时间的内涵则呈现为"意义"，即如何"定义和命名"时间，才能感受到生命本身的价值。

财富产生方式的变化

一般而言，由于人们生活所需资源的匮乏，以及人类个体生命的有限性，在人类漫长的历史时期，时间的意义首先表现为对财富的追求，就财富的生产即生产劳动而言，表现为对生产效率的追求。它在形式上是劳动时间，在内涵上是劳动产品的质和量。在资源匮乏问题得到解决之后，时间的意义不再主要表现为对财富的追求，而是对生命价值本身即意义的追求。它在形式上是可以自由支配的时间即自由时间，在内涵上是生命的创造力。由此，我们从时间维度进入到前面提及的资源匮乏问题，并且注意到在资源匮乏问题解决前后，时间对于人类的不同意义。我们从技术发展的脉络深入到时间维度来理解社会发展与生命的意义，其关键问题在于如何理解生产方式。在这个问题上，马克思的理论方案仍然很有启发性。

在马克思看来，资本主义生产方式的诞生及其扩展，促使人类追求占有财富的主要方式最终收敛在劳动生产率的提升之上，在科学的发展之上，相应地也宣告之前社会形态及其生产方式的解体。

但是，科学这种既是观念的财富同时又是实际的财富的发展，只不过是人的生产力的发展即财富的发展所表现的一个方面，一种形式。

如果从观念上来考察，那么一定的意识形式的解体足以使整个时代覆灭。在现实中，意识的这种限制是同物质生产力的一定发展程度，因而是同财富的一定发展程度相适应的。当然，发展不仅是在旧的基础上发生的，而且就是这个基础本身的发展。这个基础本身的最高发展……是达到这样一点：这时基础本身取得的形式使它能和生产力的最高发展，因而也和个人的最丰富的发展相一致。一旦达到这一点，进一步的发展就表现为衰落，而新的发展则在一个新的基础上开始。⊖

⊖　马克思，恩格斯 . 马克思恩格斯文集：第 8 卷 [M]. 中共中央马克思恩格斯列宁斯大林著作编译局，编译 . 北京：人民出版社，2009：170.

上面引文中的"进一步的发展就表现为衰落"源于资本主义生产方式既促进生产力的发展，又对这一发展加以限制。

资本的限制就在于：这一切发展都是对立地进行的，生产力，一般财富等等，知识等等的创造，表现为从事劳动的个人本身的外化；他不是把他自己创造出来的东西当做他自己的财富的条件，而是当做他人财富和自身贫穷的条件。但是这种对立的形式本身是暂时的，它产生出消灭它自身的现实条件。[⊖]

以上两段引文中提及的"一个新的基础""消灭它自身的现实条件"，在马克思的语境里，就是共产主义生产方式，就是每个人的自由全面发展，即"生产力——财富一般——从趋势和可能性来看的普遍发展成了基础，同样，交往的普遍性，从而世界市场成了基础。这种基础是个人全面发展的可能性，而个人从这个基础出发的实际发展是对这一发展的限制的不断扬弃，这种限制被意识到是限制，而不是被当做神圣的界限。个人的全面性不是想象的或设想的全面性，而是他的现实联系和观念联系的全面性"[⊖]。在马克思看来，生产力或者财富的发展应该提供个人自由全面发展的基础，但是在资本主义的生产方式中，个人的自由发展却被限制了。

除此之外，我们还需要关注以下几个问题：一是即便生产力是无限增长的，自然资源承载力也是有限的；二是现代企业福利制度的引进，使得生产关系本身发生了变化；三是 AI 新技术以及新组

⊖⊖ 马克思，恩格斯 . 马克思恩格斯文集：第 8 卷 [M]. 中共中央马克思恩格斯列宁斯大林著作编译局，编译 . 北京：人民出版社，2009：171-172.

织形态的出现，带来了全新的生产效率和财富创造的新可能性。这些问题一方面致使当代资本主义社会呈现出复杂的形态，另一方面对马克思关于"机器体系和科学发展以及资本主义劳动过程的变化"之论述也需要加以考察，以便能够把握财富尺度从劳动时间到可以自由支配的时间的变化趋势。

就财富构成的变化而言，堺屋太一写道："在'知识价值社会'中，人们身边的财富的主流将是依存于社会主观的'知识价值'，同时，巨额资金则将以不具备具体实现性的形式抽象化。"[一] 这个变化的实质是财富尺度的变化，是物质财富到知识财富的转变，但这一过渡有点太快。下面，我们在马克思的相关论述基础上结合数字技术、AI、平台经济等新条件，具体阐释财富的尺度的变化过程，以及在可以自由支配的时间成为财富的尺度之后，人类关于时间意义的认知变化。

一、财富尺度与工作取向的改变

马克思明确地阐述了伴随着自动化机器体系的迭代发展与普及，劳动方式的变化，以及由此产生的工作方式的变化，乃至工作岗位与角色的变化。这些变化直接带来了工作时间以及对时间支配的变化，从而对人个性的发展产生了影响。

[一] 堺屋太一.知识价值革命 [M].黄晓勇，韩铁英，刘大洪，译.北京：生活·读书·新知三联书店，1987：208.

　　劳动表现为不再像以前那样被包括在生产过程中，相反地，表现为人以生产过程的监督者和调节者的身份同生产过程本身发生关系。……工人不再是生产过程的主要作用者，而是站在生产过程的旁边。

　　在这个转变中，表现为生产和财富的宏大基石的，既不是人本身完成的直接劳动，也不是人从事劳动的时间，而是对人本身的一般生产力的占有，是人对自然界的了解和通过人作为社会体的存在来对自然界的统治，总之，是社会个人的发展。……个性得到自由发展，因此，并不是为了获得剩余劳动而缩减必要劳动时间，而是直接把社会必要劳动缩减到最低限度，那时，与此相适应，由于给所有的人腾出了时间和创造了手段，个人会在艺术、科学等等方面得到发展。[○]

财富尺度的改变

　　但是，资本主义的现实发展，并不会自然而然地走到马克思所设想的共产主义方向上去，"以劳动时间作为财富的尺度，这表明财富本身是建立在贫困的基础上的，而可以自由支配的时间只是在同剩余劳动时间的对立中并且是由于这种对立而存在的，或者说，个人的全部时间都成为劳动时间，从而使个人降到仅仅是工人的地位，使他从属于劳动"[○]。在马克思看来，"现今财富的基础是盗窃他人的

○　马克思，恩格斯.马克思恩格斯文集：第8卷[M].中共中央马克思恩格斯列宁斯大林著作编译局，编译.北京：人民出版社，2009：196-197.

○　马克思，恩格斯.马克思恩格斯文集：第8卷[M].中共中央马克思恩格斯列宁斯大林著作编译局，编译.北京：人民出版社，2009：200.

劳动时间"[⊖]。马克思在剖析资本对劳动价值赤裸裸地占用的基础上，宣告资本主义生产方式及其社会形态的解体，并认为在生产力发展的资本属性消失之后的新社会中，"一方面，社会的个人的需要将成为必要劳动时间的尺度，另一方面，社会生产力的发展将如此迅速，以致尽管生产将以所有的人富裕为目的，所有的人的可以自由支配的时间还是会增加。因为真正的财富就是所有个人的发达的生产力。那时，财富的尺度决不再是劳动时间，而是可以自由支配的时间"[⊜]。

当财富尺度从劳动时间转变为可以自由支配的时间时，人类生活的必需品也随之发生了结构性变化。在人类历史的大部分时间里，为了获取生存所需的必需品，人类的全部时间几乎都成了劳动时间，而且这些必需品主要是物质性产品。进入工业社会以后，由于生产技术的发展与资本主义的运用，人类不同个体在获取必需品上所需要的时间开始分化，一些人基于雇佣制度的运行，可以占有另一些人的部分劳动时间，这一部分占有者拥有了一定的可以自由支配的时间。同时，由于市场竞争与技术发展，劳动时间（工作时间）与可以自由支配的时间（闲暇时间）也日渐分离开来，社会上大多数人也可以享有一定的闲暇时间。在这个时候，人们的必需品不再仅仅表现为物质性产品，而是包括部分享受或用以享受闲暇时间的非物质性产品，如娱乐，旅行，电影、电视、节目等。

⊖　马克思，恩格斯．马克思恩格斯文集：第 8 卷 [M]．中共中央马克思恩格斯列宁斯大林著作编译局，编译．北京：人民出版社，2009：196.

⊜　马克思，恩格斯．马克思恩格斯文集：第 8 卷 [M]．中共中央马克思恩格斯列宁斯大林著作编译局，编译．北京：人民出版社，2009：200.

　　简言之，在前工业社会，人类必需品主要是物质性的，用以维持新陈代谢、身体健康等生理意义上的物品。进入信息社会后，必需品这一概念已包括精神上的必需品（即精神的认同、自我意义的确认以及维持精神意义所需要的产品），并且随着社会的数字化发展，精神上的必需品占总必需品的比重变得越来越大，在未来，生理意义上的必需品将不再占有主要地位。精神上的必需品占据主要的地位。

　　在这个时候，按照美国心理学家亚伯拉罕·马斯洛（Abraham Maslow）的需求层次理论（它将人类需求从低到高分为五种：生理需求、安全需求、社交需求、尊重需求和自我实现需求）[⊖]，人类整体处在后三个需求层次上。当前，一个人如果没有手机、邮箱和数字身份，那么是难以融入现代生活的。数字生活的工具已成为必需品，甚至成了像空气一样须臾不可离的东西。由此而言，数字技术促使财富的构成发生了改变，从物质财富转变为物质财富加上非物质财富。

工作取向的改变

　　数字技术在促使财富的构成发生改变的过程中，也推动了人类工作方式的改变。工作，一般而言，是指一种获取生活必需品的生产劳动。在工作时间与闲暇时间日渐分离的工业时代，工作主要是

⊖　马斯洛. 马斯洛人本哲学 [M]. 唐译，编译. 长春：吉林出版集团有限责任公司，2013：26-30.

指工作时间内的劳动付出，并以此获得相应的报酬。工作时间之外，则是闲暇，从事与工作不同的活动。在与闲暇相区分的工作时间内，工作实质上是一种手段，是为了享有闲暇、幸福而让渡出劳动时间。当然，也有人坚持工作即享受，即目的，我们认为这种情况也是存在的，但这种存在在某种意义上把工作纳入了享受（"闲暇"），不具有普遍性。

在数智技术高速迭代发展的今天，具有高度能动性的 AI 使人类得以从单调的、重复的、有损健康的劳动中解放出来。人类选择从事自己擅长的、喜好的工作成为可能。伴随这一可能的现实化，工作的目的性价值会凸显出来。也就是说，个人在选择一份工作时，不一定是在意其能够给自己带来的收入，而是更出于喜欢这份工作本身，这一现象在"90 后""00 后"新生代员工中已经越来越明显。这里实际上隐含了一种本质上的变化，即工作的工具性价值与目的性价值之间不再是对立的，社会发展（甚至世界体系的发展）允许个人不再屈从于工作的工具性价值。按照马克思关于自动化技术发展会改变财富尺度的基本论断，即在可以自由支配的时间成为财富尺度之后，工作的工具性价值只是作为个人自我实现过程的产物。换言之，一方面 AI 替代了人类劳动者进行财富的生产，另一方面人类自我实现主要表现为创新能力的发展，这种发展构成社会发展的动力源，进而也直接或间接地促进了包括生活必需品在内的财富的生产。

今天，随着科学技术水平的不断跃升，物质财富加速丰富，在一些地区甚至出现了供大于求的状况，数字技术带来的经济活动也逐步成为世界经济发展的主要驱动力量，数字技术、智能技术、生命技术在众多领域开拓的新价值，进一步提升了财富创造的能力，同时也在延长人们的寿命。这一切，既给人们带来了更多的想象空间，也给人们带来了更多的可以自由支配的时间。我们承认，今天的社会依然存在着很多问题，但是从发展的视角去看，人类的确取得了巨大的进步。整体上，人们正在为建立更美好的社会而努力，无论是价值最大化的追求，还是社会责任的兴起，人们把自己置身于宇宙自然整体之中，并自觉认同企业或组织是社会的器官。由此，人们越来越倾向于"新世界观"与"新的社会规范"。从追求物质财富转向追求价值意义，从大量消费转向理想消费，从追求占有转向广泛连接，从大型化到多元化，从高速化到平衡化，从崇尚权威到接受个性，甚至在年轻一代人身上看到了"躺平"的选择，这一系列转向都意味着财富尺度、工作取向都发生了根本性改变，其核心是人们更在意"生命的意义"。

社会价值回归与精神价值回归

在数智技术所衍生的产品成为人类生活乃至人类社会的一个主体时，智能体已经开始进入人类生存的核心层面，这引发了对两个问题的思考：碳基人、硅基人的内涵和边界是什么？知识与权力的内涵是什么？这两个问题的实质，直指人类精神与人类存在的根本意义。当然，这也是人类自诞生以来就一直在寻求答案的问题，而在今天，数智技术的出现，更是为其增添了紧迫性和新深度。2023

年 11 月围绕 OpenAI 的"宫斗剧"，只是人类寻求这一答案的插曲，人类始终要找到答案，而不是像诺兰在《奥本海默》中所暗示的那样，人类尚未做好准备。

在今天，人类终于借助于科学技术的力量，来到了一个能够不再受物欲约束的临界点，物质财富不再是生命价值的主要衡量标尺，也不再主宰着人类的命运。在全球范围内，人们都在思考，如何运用科学技术来对抗贫困，如何利用创造力来解决资源匮乏问题，如何整体提升人们的认知能力，以使自然环境和人类社会获得可持续性发展。这就要求做到两个"回归"：一个是社会的精神价值回归，利他与共生；另一个是人的精神价值回归，同理心与慈悲心。这将构筑起一个健全的精神世界，能够赋予人们健全的生命意义。

当然，对今天的社会发展阶段与认知共识而言，财富尺度不可能完全挣脱劳动时间。但是，由于越来越多的人能够增加可以自由支配的时间，这就为人类个体追求生命意义提供了前提条件。因为"自由时间——不论是闲暇时间还是从事较高级活动的时间——自然要把占有它的人变为另一主体，于是他作为这另一主体又加入直接生产过程。对于正在成长的人来说，这个直接生产过程同时就是训练，而对于头脑里具有积累起来的社会知识的成年人来说，这个过程就是知识的运用，实验科学，有物质创造力的和对象化中的科学。对于这两种人来说，只要劳动像在农业中那样要求实际动手和自由活动，这个过程同时就是身体锻炼"[⊖]。在那些非农业的劳动领域，尤

⊖　马克思，恩格斯 . 马克思恩格斯文集：第 8 卷 [M]. 中共中央马克思恩格斯列宁斯大林著作编译局，编译 . 北京：人民出版社，2009：204.

其是知识创造领域，自由时间的运用过程主要是或直接是追求意义
的过程。

二、意义的空间

意义本身就是人类特有的一个范畴。相对于浩瀚无垠的宇宙而
言，人类历史只是一瞬间，人类本身也极其渺小，所以杜兰特才说
"历史的第一个教训就是要学会谦逊"⊖。但是，又如帕斯卡所说，"当
宇宙压碎人类的时候，人类仍然要比杀死他的宇宙高贵。因为人类
知道自己的生命即将走到尽头，而宇宙对自己的胜利却一无所知"⊜。
这也正是人类对自身意义的确定。

在人类的意识光谱里，人类一直在探寻自我与外物之间的边
界与融合。一方面遵循着人类主体意识的觉醒，从笛卡儿的沉思主
体——"我思故我在"，到康德的道德主体——"人为自身立法"，
再到今天数智社会中的"强个体"，无不体现了这一点；另一方面回
归到宇宙万物一体之中，反思人类自我、主体、他者等，不断突破
自我的局限，超越二元论认知模式，扩大认同感，并将人类融入到
整体之中。

"时至今日，科学建立起了一个前所未有的统一的宇宙观，这宇

⊖ 杜兰特 W，杜兰特 A.历史的教训 [M].倪玉平，张闿，译.成都：四川人民出版社，
2015：9.
⊜ 转自：杜兰特 W，杜兰特 A.历史的教训 [M].倪玉平，张闿，译.成都：四川人民出版
社，2015：10.

宙中有生命，生命中有人类。"[○]对确定这一观点的乔治·沃尔德（George Wald）来说，他不同意柏拉图和康德所坚持的"物自体"[○]观念，他认为"人类就是宇宙的一员，宇宙的本质就是人类的实质，宇宙的历史就是人类的历史"[○]。这位生物学家从科学的维度得出自己的判断，有意思的是，杜兰特从历史的维度认为，"只有富有想象力和主动性的领导者，以及坚韧、勤勉的追随者，才能将可能变成现实，而且也只有类似的组合，才能克服成千上万的自然艰险，创造出一种文化。是人类，而非地球，创造了文明"^⑩。两位学者站在不同的视角得出各自的结论，让我们理解了宇宙的整体性和生命的独特性，从而帮助我们更深刻地体味到"意义"的价值。

意义在不同语境下可以被阐释为效益、功用、价值等，而在根本上则是意义本身。对意义的思考在纯粹形式上相关于时间的意义，在具体内容上相关于生活的意义。在人类的认识中，形式与内容是统一的，因而在整体语境下可以把**时间的意义与生活的意义合称为生命的意义**。哲学的三大命题——"我们是谁？我们从何处来？我们向何处去？"一直是人类不懈探索的课题。事实上，探寻答案的过程，就是生命展现其意义的过程，贯穿于人们的工作方式与休闲方式之中。在工作方式与休闲方式还处于分离甚至对立的时期，生命

○ 沃尔德.生命的选择：从宇宙大爆炸至今生命的轨迹与尊严 [M]. 肖尧，译.北京：中信出版集团，2020：8.
○ 康德认为"物自体"是事物的本质，但不可知。
○ 沃尔德.生命的选择：从宇宙大爆炸至今生命的轨迹与尊严 [M]. 肖尧，译.北京：中信出版集团，2020：15.
⑩ 杜兰特 W，杜兰特 A. 历史的教训 [M]. 倪玉平，张闶，译.成都：四川人民出版社，2015：16.

的具体展开方式主要是工作方式与休闲方式的某种组合，因而生命的意义在狭义上是寻求这种组合的更优解；在广义上或许是寻求在生命的自然限度内，个体生命能量的最大化释放。

下面我们从三个方面探析意义的空间：一是勘定意义的地基，并将之落实在关系上；二是把握时间，并将其阐释为有限者运动的属性；三是阐释意义的空间，其内涵是镶嵌在文化坐标系中的多重身份及交互行为。**这一意义空间为人类从利益最大化转向价值最大化提供了相应的根据。**

意义的地基：从实体到关系

在《存在与时间》这部开创性著作中，海德格尔遵循古希腊哲学传统，把意义的基础或地基直接落实在实体上，落实在"此在"（dasein）上。"此在"是海德格尔给人这个独特的存在者的一个专门名称，因为在他看来，只有人才能揭示存在者存在的意义。他在这本著作的开篇就表明，"此在"存在的意义就在于其时间性，它由三个环节构成：超越于自身、先行于自身的存在；已经在世界之中却已被抛弃的存在；依附于世界的存在，也即人的日常存在。这三个环节分别表示三种时态，即将来、过去和现在，三个环节统一为一个整体。换言之，海德格尔理解意义的地基是实体范畴的一种表达，由此最终呈现出来的就是，存在的意义是一种展开过程，而展开过程在形式上就是时间，在实质（就经验性内容而言）上就是历史。

意义是一种存在。存在者如何在存在中体现出意义，这是海德格尔把意义的地基落实在"此在"上的根本，并以此引出"畏"。在他看来，人的存在表现为两种非常重要的特征，即操劳和操心。"寓于……的存在是操劳，因为这种存在作为'在之中'的方式是由它的基本结构即操心规定的。操心并不是只描述与实际性及沉沦都脱了节的生存论结构，而是包括这些存在规定之统一的整体。"⊖ 因此，操劳可以归结为操心，操心进一步可以追溯到"此在"，即"操心作为源始的结构整体性在生存论上先天地处于此在的任何实际'行为'与'状况'之前"⊜，而此在的深层结构就是"畏"。"畏使此在个别化为其最本己的在世的存在。这种最本己的在世的存在领会着自身，并从本质上向各种可能性筹划自身。"⊜

"畏"是什么？"在畏中，我根本不能像在无聊中那样在存在者沉没时做一个袖手旁观者，我受到存在者的不确定性本身的围攻。"⊗ "畏"是面对自身存在的终结，即死亡的先行领会，"此在"从日常的沉沦状态中苏醒，意识到不能只是被动接受，而是要重新思考自身存在的意义，进而发现自身能够拥有超越自身，并朝着自身的可能性发展的存在。这一存在的选择，意味着不确定性，"此在"会处在惶惶不安之中，这就是海德格尔的"畏"。但是，正是"畏"，让

⊖　海德格尔.存在与时间：中文修订第二版 [M].陈嘉映，王庆节，译.上海：商务印书馆，2018：243.
⊜　海德格尔.存在与时间：中文修订第二版 [M].陈嘉映，王庆节，译.上海：商务印书馆，2018：244.
⊜　海德格尔.存在与时间：中文修订第二版 [M].陈嘉映，王庆节，译.上海：商务印书馆，2018：237.
⊗　马里翁.还原与给予 [M].方向红，译.上海：上海译文出版社，2009：299.

"此在"具有了无限的可能性，也即生命创造的无限可能性以及意义的存在。[一]

意义是一种关系。在这一分析进路中，海德格尔把意义的地基落实在作为实体的"此在"上，即落实在作为"此在"的深层结构的"畏"上。但是现在看来，"畏"不能完全归结到实体上，它还具有意向性，尽管这种意向性没有明确的对象，但它既可以指向内，也可以指向外。由于这种意向性，当我们沿着海德格尔的这条路继续往前走时，会发现"畏"与关系概念存在着联系。

海德格尔确实没有把关系作为其探究存在意义的一个基础概念。但如前所述，即便从实体范畴出发，在探究存在意义这个议题上也最终与关系范畴关联在一起。事实上，从海德格尔认为"语言是存在的家"（他的原话：语言是存在的家，语言破碎处，无物存在）来看，他对存在意义的追问已经在关系领域中进行。因为语言活动是人展开自身的状态，而语言乃至于语法就是关系的媒介，包括人与物的关系、人与人的关系、人与自身的关系，即便是独自一人生活在荒岛上的鲁滨孙，他也仍在处理这种关系。因此，当人们追问意义时，实质上已经探析到了作为关系性存在的人。在这一点上，马克思在《费尔巴哈提纲》中已经做了非常精练的论述，即"人的本质不是单个人所固有的抽象物，在其现实性上，它是一切社会关系的总和"[二]。关于意义的理解是无法在脱离社会关系的、孤立的个人身

㊀ 王光耀.何种无聊？何种畏？通向何种无？——对海德格尔情绪现象学的一项考察 [J]. 世界哲学，2022(4)：89-100.

㊁ 马克思，恩格斯.马克思恩格斯文集：第 1 卷 [M].中共中央马克思恩格斯列宁斯大林著作编译局，编译.北京：人民出版社，2009：501.

上展开的，也就是说，对意义的理解意味着必须进入到关系中去思考，否则无法真正把握住意义。意义蕴含着这样的语法结构，就是"……对……的意义"。这个意义在不同语境下被阐释为效益、功用、价值等。简言之，意义是存在于关系中的。

由此，意义的地基从具有生理特征的实体——"此在"，其内在结构是等待被发现的东西——"畏"，转到具有交往特征的关系——多重身份，其内在结构是建构的流变的秩序——交互行为。由此，意义的空间就有一个非常直观的，同时也是非常便捷的呈现。当关系作为意义的地基，意义的空间一般而言就是人类个体的多重身份及其交互行为构成的网络。在这里，意义的空间，经由人类个体的身份与行为交互，把时间带了进来。

时间：从存在的意义到意义的空间

人作为一种存在，是处在一定关系中的。在这一点上，中国传统文化很早便已将其定义——"人者，仁也"，"仁"乃仁义道德的"仁"。"仁"字是一个会意字，许慎在《说文解字》里面将其解释为"亲也"，即二人为仁，人和人之间要有一种亲近的关联。人和人之间的这种关系表现为两个相关联的向度，第一个向度就是每个人都处在一定空间当中；第二个向度是每个人作为有限的存在者在这个空间中的活动，它表现为一种次序，这种次序特征实质上就是时间。在这一点上，时间不是与空间相对的独立存在的东西，或者用霍金等人在《大设计》中的话说，"在时空中，时间不再和三维空间相分离，而且，粗略地讲，正如左与右、前与后和上与下的定义依赖于观察者的方向，时间的方向也随观察者的速度而变化"[一]。

时间是有限者在特定空间中运动的一种属性。时间这一概念在根本上是对有限者与空间的相互关系的一种表述。换言之，一个至大无外的整体，或者至小无内的整体，它自身是没有时间可言的，它直接就是一个空间。在这种极限思考之下，人们就会触及宇宙的起始问题。在这个问题上，霍金等人认为，"在早期宇宙——当宇宙小到足够让广义相对论和量子论一起制约之时——有效地存在四维空间而不存在时间。这意味着，当我们提及宇宙的'起始'时，我们正位于微妙问题之边缘，即当我们向极早期宇宙回溯时，我们所知的时间并不存在。我们必须接受，我们通常的空间和时间观念不适用于极早期宇宙。这超出了我们的经验，却未超出我们的想象或数学"[一]。换个角度去理解，那就是时间是与人发生关联而存在的，是人的特定运动呈现方式，人也由此体验到自身为有限者之一。

存在者是作为有限者存在的。时间则是有限者在特定空间中从 A 点运动到 B 点的一种表达，或是自身从 X 状态过渡到 Y 状态的一种表达。据此而言，有限者的生命存续，即生与死之间的过程，就其纯粹形式而言是时间，就其附有经验内容而言，是生命的历程。这个历程，即人类个体在其生与死之间与人、与物、与自己的交互行为所形成的独特经验，构成了时间的内涵。

[一] 霍金，蒙洛迪诺．大设计 [M]．吴忠超，译．长沙：湖南科学技术出版社，2011：94.
[一] 霍金，蒙洛迪诺．大设计 [M]．吴忠超，译．长沙：湖南科学技术出版社，2011：125.

　　身为人类，我们能感觉到时间流逝。这是因为在我们自身的新陈代谢中，就有周期性进程在发生——呼吸、心跳、电脉冲、消化、中枢神经系统的节律，等等。我们自身就是时钟的集合，纷繁复杂，相互关联。但我们中枢神经系统的节律不像钟摆或石英水晶那么靠得住，会受到外部环境或自身情感状态的影响，导致时间过得更快了或更慢了的印象。但也有真正可靠的时钟在我们体内滴答作响——分子振动、个别化学反应等——不会跟平常比起来走得更快或更慢些。_○

　　人类自身是无数时间的集合。人类是能自觉感知到时间的特殊生命，因而时间的意义，会势必因人而异。生命的维持需要热量，热量的吸收会导致熵增（无序性、不确定性），而熵增就是人类感知到时间流逝的根据。每个人在生与死期间所经历的事件集合，与他人有可能存在交叠，但更多是不同。这些差异构成了个体生命的实质，同时也构成了生命的意义本身。在特定的时间段里，每一个个体经验的内容，构成其自身的历史，也集合成人类的历史。从时间切入，一个人的意义空间是个体的诸多身份产生与行为发生的场域，是一系列选择累积起来的事件集合。

　　人在数智世界之中永远处于开启状态。这是一个需要特别去感受的变化，如果把数字时间当成人类自己的时间，那么人类在数智世界之中永远处于开启状态，这种状态带给人们错觉，导致人们必须尽可能关注到所有信息，以避免自己与外界脱节。这种即时的、

　　○ 卡罗尔.从永恒到此刻：追寻时间的终极奥秘[M].舍其，译.长沙：湖南科学技术出版社，2021.

在线的、虚拟的状态，让人们从"现在时态"转换为"当下时态"，稍纵即逝却又永恒存在。人与智能之间的关系，构建了一种新世界关系，人们又多了一种身份，多了一个生产与行动发生的场域，也就是凯文·凯利描述的"镜像世界"，人因新场域的出现，意义的空间变大。

人类的行为模式，一直都随着人与时间之关系的变化而变化。在数智世界之中，时间不再是线性的，而是多维的、不具形的、穿越的、想象性的。我们与过去、现在、未来即时联系在一起，时间也因此不再是从 X 状态过渡到 Y 状态的一种表达。"时间也不再是从过去到未来，而是体现在衍生物上，从地点到速度再到加速度等。"⊖ 在此背景下，时间作为有限者运动的属性，也随之发生了根本性变化，人完全可以创造出不同的环境，从而创造出完全不同的价值，并呈现出不同的生命意义。我们在这里引述一段话，用以诠释时间带给生命的意义。普通语义学研究所创始人艾尔弗雷德·科日布斯基（Alfred Korzybski）写道：

在人类生活中，我们找到了一种并不存在于其他任何生命形式中的方法，也就是说，我们拥有一种能力，可以搜集不同个体所有已知的经验。这种能力极大地增加了一个人可处理经验的规模，拓宽了我们对周围世界的认知，让我们变得更精细、更准确。我将这种能力称作时间绑定能力。我们之所以能拥有这种能力，是因为与其他动物显著不同，我们仿佛拥有进化了的或更完善的额外神经，

⊖ 洛西科夫. 当下的冲击：当数字化时代来临，一切突然发生 [M]. 孙浩，赵晖，译. 北京：中信出版社，2013：84.

能在不改变现有神经系统的情况下精细化其操作，拓展其范围。^㊀

是的，我们之所以可以理解过去，看见未来，正是因为前人给了我们一个以符号、词汇和故事构成的经验与知识空间，这既是生命意义的沉淀与延续，同样也凝结成文化本身。

意义的空间：从物质性价值（利益）到文化性价值（意义）

人的生命之所以独特，就是因为人能追问其存在的意义。人类的演化先积淀经验而成语言或文字，而后积淀语言或文字而成习俗或历史，乃至形成具有传承性质的文化，意义就诞生于这个演化进程中，扎根于语言，成长于文化。据此而言，**文化在广义上构成了意义的空间**。

在《东西文化及其哲学》一书中，梁漱溟认为西方文化、印度文化和中国文化在哲学上、在根本上是不同的，即西方文化指示的人生路向是向外追求的，印度文化指示的人生路向是反身向内追求的，而中国文化指示的人生路向是调和持中的。^㊁梁漱溟的这一区分界定也许不够准确，但是他所确立的多维文化坐标体系具有深远的影响。这种文化坐标体系对全球化进程中人类个体的身份认同而言，有着方法论的作用。

在更深层次的思维方式上，西方文化侧重的分析理性强调边界

㊀ 转自洛西科夫. 当下的冲击：当数字化时代来临，一切突然发生 [M]. 孙浩，赵晖，译. 北京：中信出版社，2013：136.
㊁ 梁漱溟. 东西文化及其哲学 [M]. 上海：上海人民出版社，2006：71.

性，中国文化侧重的关系理性强调连接性。在思维方式的具体运用上，分析理性的核心要件是概念的辨析与逻辑推理，尤其体现在近现代的科学体系之中；关系理性的核心要件是意象的勾画与情理交融，尤其体现在源远流长的诗史传统之中。这两种思维方式是在特定时空与文化积淀中诞生和演进的，各有各的优点与不足；随后在全球化驱动的东西文化交汇中，它们交互影响、混合构成了世界文化的复杂图景。在这幅图景中，现代的人类个体都面临着自身的认同问题。美国学者塞缪尔·亨廷顿（Samuel P. Huntington）在《谁是美国人？——美国国民特性面临的挑战》一书中就是站在美国人视角来探讨这一问题的。

人类个体从小就身处在特定的家庭环境中，随后进入到特定的教育系统中接受教育并受到一定的熏染，同时在与他人互动的过程中进行一系列的选择性吸收，后者构成了我们对自身的认同和定位。我们会把某某人视为自己的同道、偶像，或者视为自己的反面教材等，以此来规范自身的行为。这同时也给自己设定了一种期许，并在实现自我期许的过程中生成了自己的意义。也就是说，个体的意义生成，无法绕开多元化的互动，它是由文化环境中的选择性吸收所界定的。当个体追寻生命意义时，这个意义在一定程度上就构成了一个较为稳定的自我形象认同标准，即形成了稳定的自我定位，以此去面对不确定的外部环境并调整自己，以便与环境相适应。由此，人的意义既包含内在的评价，也包含外在的评价。

意义的外在评价。这里不妨引入历史人物来进行事例性论述。比如文天祥，在面对选择时，他选择了"留取丹心照汗青"，这一个体行为被人们评价为"重于泰山"，可见这种人生取向是非常有意义的。这就是一个外在的评价。那么文天祥本人是不是如此看待呢？他可能也做过反向性思考，即思考历史会如何评价他，否则他可能不会写下"留取丹心照汗青"这样的诗句。但是就个体的自我定位而言，他是明确的，他在叛变和就义之间做出了非常明确的选择。通过文天祥这一个例，我们加深了对意义的理解，并且触及了从个体呈现出来的小单位的意义空间，以及从历史评价呈现出来的大单位的意义空间；后一意义空间，实质上就是意义的文化坐标系。当把某一时段历史作为意义的单位刻度时，一个人一生的历程就是这个坐标系里面的一条曲线。这条曲线是他在有限生命里进行的一种选择性呈现。这种呈现是可以在这个文化坐标系里标记出来的，这个标记是后人在书写传记或历史时赖以进行评价的基础，或者它本身就代表了评价。这个评价会对后来者产生影响并成为其行为选择的一种依据。

意义的内在评价。鲜活的文化坐标系映射到人类个体的思维里面，就是一个内在的评价。还是以文天祥为例。文天祥作为一个个体，他一生中所受熏染的文化、受到的教育乃至生活的阅历，构成了他把握人生意义的思维空间，亦是他的意义空间。在这个空间里，他可以做出多种选择，但是在他的自我定位里，他已经有了非常明确的价值排序，即在文天祥的思维空间或意义空间里，就义的价值高于叛变。作为一个生命体，他有着趋乐避苦的天性，以及求生的本能，但是，文天祥的选择是"留取丹心照汗青"，这样他的肉体生命毫无疑问是终结了，但是他的文化生命却延续了下来。在文天祥看来，文化生命高于肉体生命，也即"杀身成仁、舍生取义"所传递的价值排序。再如匈牙利诗人裴多菲，他在其广为流传的诗句中做了排序，即"生命诚可贵，爱情价更高，若为自由故，两者皆可抛"；在生命、爱情、自由这三者中，自由排序第一，其次是爱情，最后是生命。裴多菲与文天祥都主张追求高于生命的东西，即生命的意义。

当一个人追问存在的时候，存在便展示为一段时间；当一个人选择死亡时，他实质上已经对存在的时间长短做出了取舍。这个取舍蕴含了意义。这个意义是通过一个人的选择，即缩短或延长其存在的时间来呈现的。同时，意义不仅仅是时间性的，还是精神性的或文化性的。生命的意义在文天祥看来就是"留取丹心照汗青"，"照汗青"实质上意味着更长的存在时间，是对超越肉体生命的文化生命的延长；生命的意义不是以生命时间的长短为尺度，而是以生命价值的大小为尺度。

人的意义是在不断选择的过程中获得的。这个过程同时也生成了人自身的本质。人总是在不断成为下一个自己，也就是说他现在还不是完整的自身，他总是不断地成为自己想要成为的样子，不断去实现自己的预期，不断地挑战当下的自己。在这一点上，海德格尔面临了困难，由于他把意义的地基落实在个体的人或者说实体上，所以他自觉或不自觉地在人与世界之间画了一条鸿沟，以至于在谈论存在意义的时候，个人与世界是分离的。在海德格尔看来，人与人之间由于语言而交互在一起，他所讲的存在就是在世界之中的存在。萨特（Jean-Paul Sartre）把海德格尔那个还不太极端的人际关系推向极端，萨特认为，存在就是不断地做出选择的存在，而他人就是地狱。

与此不同，我们主张只有在关系之中，人们才能够去解决人与世界、人与他人乃至人与自身之间的关系问题。在这一点上，我们有必要引入中国的传统，并调用它的关系范畴。中国人很早就对时间有了观念。孔子说"逝者如斯夫，不舍昼夜"，这句话不仅讲了时间的流逝问题，还讲了时机一去不复返的问题。这是中国古人对时间的一种把握。中国古人对存在意义的理解和追求，是把人看作关系性的存在，如"君君臣臣，父父子子"这种表达所展示的那样，君主要有君主的样子，臣子要有臣子的样子，如果君主没有君主的样子，那么臣子也不必具有臣子的样子。君主、臣子都各有自己的德行和操守，并处在相互关系之中，如果一方不践行其德行与操守，那么另一方也不必践行其德行与操守。存在的意义就是在这样的相互关系中展开的。

世界是由多重的乃至重叠的相互关系构成的，这种构成是我们无法忽视的框架。"对我们来说，在没有框架的情况下生活显然是不可能的；换言之，我们在其中过我们的生活并使它们有意义的世界，必定包括哲学强势的性质区分在内。"[○] 由此，表达和追求意义当然也会面临一些冲突。"入则孝，出则悌"就是中国古人追求意义的一种方式，而"忠孝难以两全"则呈现了表达、追求意义时所面对的价值冲突。

○　泰勒. 自我的根源：现代认同的形成 [M]. 韩震，等译. 南京：译林出版社，2012：39.

个体生命从生到死是一种可能性的整体。这个整体犹如一条尚未完成的曲线，呈现在文化坐标系里面，而它的意义向度是由个人在诸多矛盾价值所规范的意义空间中所做出的价值取舍来呈现的。当然，个人做出的价值取舍，实质上也深受其生活中的文化传统影响，没有无拘无束的自我，自我的定位与呈现内生于文化坐标系。岳母在岳飞背上刻上"尽忠报国"的行为，既呈现了个体对忠先于孝的明确排序，也蕴含着这个排序镶嵌于一种文化传统。当忠和孝难以两全时，岳母选择了忠而非孝，这一价值取舍呈现了个体的意义向度。

综上所述，首先，与海德格尔把意义的地基理解为实体不同，我们把意义的地基理解为关系。其次，不同于海德格尔把时间理解为生和死之间的历程，我们把时间理解为有限者运动的属性，是对有限者与空间的相互关系的一种表述，由此时间是可以通过空间去度量的。在意义论题上，海德格尔侧重探析的是存在的意义，而我们侧重探析的是意义的空间。最后，海德格尔探讨意义的方式是层层推进，从操劳到操心再到畏，这是一种实体主义的还原性路向。我们从探讨意义的地基切入，进而触及无处不在的社会关系，以及其中个体的多重身份及其交互行为。我们的探讨方式是先考察处于关系之中的行为方式，乃至一般性的文化空间，而后考察个体在其一生中在行为方式、生活环境上以及受教育过程中的选择性吸收，最终抵达个体性的意义空间。这两个空间在现实性上就是人与世界的互动。这种互动最终所呈现出的意义向度，是由个体在面对意义空间和文化空间交互过程中所产生的诸多价值时所做出的选择来标示的。

　　至此，我们可以看到，在意义的空间中，占据决定性地位的不是物质性价值（利益），而是文化性价值（意义），后者的满足不仅代表自我的认同，还代表他人的认同或承认。文化性价值具有多阶性，其低阶形态可以与物质性价值并列，如歌曲等作品；其高阶形态有价值观、信念等；更高阶形态则是对价值观、信念等的反思，而意义正是形成于反思性运动之中。人类之所以对物质性利益过分关注，最初是因为生存性资源匮乏这一外在环境，随后这种过分关注又积淀成了相应的观念及组织结构，因此，在科技进步使得生存性资源不再匮乏的背景下，人类对物质性利益的关注就会让位于人类对文化性价值的追求。

第三部分

共生与进化

哪里有思想，哪里就有威力。

——维克多·雨果（Victor Hugo）

The Philosophy of
Symbiosis

　　置身于当下的生存空间，周遭正在发生的一切让我们感到忧虑。还在持续的俄乌战争，让我们真切感受到利益最大化的目标所带来的伤害。从目前的局势来看，俄乌战争引爆第三次世界大战是个小概率事件，但小概率事件并不等于不会发生，关键在于人类集体行为要能够自觉地形成一条阻隔战火蔓延的"隔离带"，否则人类将在核战之下走向自我毁灭。数智技术已进入人类的生活领域，如果掌握该技术的一部分精英人士抱着"狭隘的目的"缔造新组织，那么这也可能是人类面临的另一种走向自我毁灭的危机。人类自身如何共生？人类与智能机器如何共生？人类与宇宙如何共生？回答这些问题在今天显得尤为迫切。人们通常相信，除非存在绝对强权或者均势，否则人类不仅难以共生，甚至难以共存。然而，不论是绝对强权还是均势，都是不稳定的，因此当利益相关方的力量对比发生变化时，争端、冲突乃至战争势必兴起。有人寄希望于"和平契约"，但在资源匮乏或资源分配不公的现实条件下，和平契约易于被毁或者遮蔽实质性的冲突，本质上无法找到共生的出路。

　　大航海时代以来，人类交往突破了地理屏障，从区域迈向世界，诞生于西欧的资本主义生产方式也得以扩展至世界其他地方，人类历史叙事从国别史过渡到世界史。资本主义生产方式极大地释放了人类的生产力，人类以几何级数的增长速度生产出远超以往社会的丰富产品资源，但是同时在资本主义生产关系下，这些资源的分配却是严重不平等的，基于资源争夺的斗争规模更为宏大。面对这样的现实，以及数智技术的到来，人们寻找人类共生出路的意愿愈发强烈，而伴随数智技术因应而生的新组织形态，也呈现出各种共生实践体。如前所述，将人与世界、人与自然确定为一个整体的观念越来越成为共识；随着知识价值与意识活动成为经济活动的主要构成部分，以及由此而来的意义最大化发展，组织目标从利益最大化转向价值最大化正在变成现实。

第七章

CHAPTER 7

共生：组织的性质函数

> 如果没有组织作为人类合作的载体，人类历
> 史上新的进步将无一实现。
>
> ——弗雷德里克·莱卢（Frederic Laloux）

"每次转换到一个新阶段，人类都会发明一种新的合作方式、一种新的组织模式。"[一] 如今正是人类又一个全新阶段的开启，因此新组织形态成为本书核心命题的落脚点。

组织是为了实现具体目标的系统化的人的组合，也就是说，组织是人们为了实现特定任务或目标而精心设计的。同时，人们也非常明确地认识到，一个组织只有专注于自己的任务或目标，才能完成其存在的使命。因此，古典经济学明确强调，企业组织的唯一责任，就是保障股东财富最大化。根据古典经济学理论，商业组织所专注的任务或目标就是获取盈利。但是社会发展的事实证明，当商业组织以股东财富最大化作为唯一目的时，社会发展反而陷入了困

⊖ 莱卢.重塑组织：进化型组织的创建之道 [M].组织进化研习社,译.北京:东方出版社,2017: 8.

境，因此社会责任兴起，在商不再只言商。这样的事实，引出了组织的一个问题：组织的性质函数到底是什么？

在前文中，我们阐述了人类与外部环境的动态关系（包括数智技术背景下生存方式的变化，新世界观带来的全新的发展秩序、发展方式，以及意识活动与经济活动之间的结构关系变化）、触及生命意义与价值取向的关系，以及技术环境与制度环境两个变量所孕生的共生关系及其推动组织性质 - 结构的转变。

我们从整体上考察了组织的性质 - 结构转变。这个考察以打开的方式进行，由此在这个考察所展开的视阈之中，存在着不同性质 - 结构的组织，作为其中的两大类型，一是目标利益最大化规范下的组织（记为 A），二是目标价值最大化规范下的组织（记为 B），以及随着外部环境的演变而由 A 到 B 的转型。在这一考察工作下，"组织"这个黑箱敞开了，它不再是固定不变的（比如它在大众的观念里就是追求利益最大化的概念），而是流变的。

正是源于组织的目标从利益最大化转变为价值最大化，从而有可能存在具有共生性质的组织，因此我们可以用"共生"这一术语来表示这类组织的性质函数。"共生"作为"组织的性质函数"这一大空间里的子集，是组织流变中正在形成的一类组织（B）的性质内涵，也是我们所要阐述的新组织的内涵。这个以"共生组织"来命名的新组织，作为一个整体，它也有自己的自变量（即共生能力）和因变量（即由"共生"这个概念所界定的那个空间或集合）。

就组织而言，任何组织的建立和发展都需要一定的资源分配和使用途径，从而在很大程度上规定了组织的形式与生存环境。不仅如此，组织学中的制度学派还进一步提出，社会的观念制度通过道德标准、文化传统等因素对人们的行为方式、组织方式进行塑造。西方的组织形式正是资本主义发展过程中的理性化产物。同样的组织形式在不同的社会背景下有着不同的表现，而在同样的市场条件下，组织形式也可能大相径庭，这是我们都熟悉的事实。[⊖]

因此，对组织的研究必须综合多个学科的视角，如此才能加深我们对组织现象的认识。不过，如何综合不仅是方法论问题，也是价值论问题。下面我们尝试将前文的相关论述统合于人性光谱和所有权光谱形成的场域之中，并据此从整体上描述共生组织的性质函数。

人类既受其生理结构影响，亦受外部环境影响。因此，若分别以人的自利倾向和利他倾向为极点画一个（扇形的）人性光谱，那么在外部条件1（文化传统、社会组织、人际关系等）的影响下，个体的人性在其一生中以概率方式分布其间，并且在加总意义上表现为人性的多样性、流变性和可塑性。当前社会科学理论的人性假设，依然诉诸人性的自利性或利他性假设，这不仅让理论分析视角狭窄、分散和彼此对立，也不符合人性事实。与人性的极点假设不同，人性光谱能够提供更宽广的、动态的分析视角（见图7-1a）。人类要生活，必然涉及对世界资源的占有，由此势必触及所有权问题。在这个问题上，有两种针锋相对的主张：自由主义者主张私人所有权（私有权），而马克思主义者主张联合所有权（公有权）。和人性光

⊖   周雪光.组织社会学十讲[M].北京：社会科学文献出版社，2003：332.

谱一样，若分别以私人所有权和联合所有权为极点画一个（扇形的）所有权光谱，那么在外部条件2（社会生产力水平、社会治理能力、自然资源承载力等）的影响下，具体社会的所有权在特定时期内以约定方式分布其间，并且在加总意义上表现为所有权为某个特定的区位（见图 7-1b）。[⊖]

外部条件1与外部条件2是关联在一起的，但也是相对独立的，且前者的变化比后者的变化更慢。在前文中，我们已经从不同角度有所论及，其中关于二元论、意识光谱、意义空间等的论述相关于外部条件1，关于现代世界体系、技术进步、社会主义实践等的论述相关于外部条件2，并且阐释了它们的变化孕生了共生关系——它是共生组织得以存续和发展的母体。将图 7-1a 与图 7-1b 在原点处连接起来，我们就可以直观地看到组织所在的场域（见图 7-1c）。

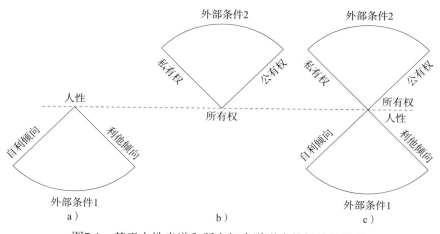

图7-1　基于人性光谱和所有权光谱形成的场域的分析

⊖　秦子忠.劳动整体性与分配正义 [M].北京：中国社会科学出版社，2021.

通过人性光谱与所有权光谱所形成的场域，我们或许能够发现并近似地表述组织的性质函数，共生则是这个函数的一组解。依据这一组解，生命的意义（时间的意义和生活的意义），或工作方式与休闲方式（的组合），会得到令人满意的说明。

换个方式来理解，组织镶嵌在社会（场域）之中，并随着社会场域的变化而变化。从理论上来讲，社会场域可以从人（人性）和制度（所有权）这两个维度来表述。在经济学（组织学）里，具有丰富人性内涵的人窄化为追求自我利益最大化的经济人或理性人，对应的制度窄化为私有权及其体系，由此在经济人和私有权界定的场域里，只能看见组织 A，而看不见或难以存在组织 B。在伦理学（马克思主义学说）中，具有丰富人性内涵的人窄化为利他的或按普遍原则行动的道德人，对应的制度窄化或拔高为公有权及其体系，由此在道德人和公有权界定的社会场域里，几乎不存在组织 A 或组织 A 是不应存在的，而组织 B 则有可能是它的一种组织类型。我们引入光谱视角，由此在人性光谱和所有权光谱所提供的更为完整的视阈中，我们能够发现并近似地表述组织的性质函数。组织的性质函数是从组织性质维度来表达的一个大的组织空间，它至少包括了组织 A 和组织 B，共生组织便在其中，亦即共生是组织的性质函数的一组解。

按照组织的正式定义，组织是目标导向、维持一定边界和社会建构（socially constructed）的人类活动系统。[⊖] 我们从组织的这三

⊖　奥尔德里奇，吕夫，李普曼.组织演化论 [M]. 方世建，杜运周，等译 . 北京：机械工业出版社，2023：4.

个构成要素——目标导向、边界维持、社会建构来理解共生作为组织的性质函数所带来的变化。

一、目标导向：意义最大化

从当代组织发展的进程可以看到，组织承载着对财富的控制权和分配权，也内含对权力的争夺。为保障组织功能的实现，即组织目标的实现，马克斯·韦伯敏锐地意识到大型组织需要一种层级结构来协调众多个体的活动，高效地完成大规模的管理工作，他提出的行政组织管理理论，是一种科层制的官僚体制，需要具备专业化功能的、固定的规章制度以及明确的层级结构，这种结构成为工业化以来被普遍采用的结构，也因此形成了大型组织的管理模式。但即便是韦伯，也没有充分意识到"组织"对社会的影响。事实上，"组织"作为人造的环境所形成的"社会生态"，让更多人具有相同的"组织目标"，并协同一体地进行工作。所以，我们需要特别关注的是"目标"本身。

沿着韦伯的理论延伸去看，组织内部有不同的层级，最表层级由特定部门的特定行为组成，下一个层级由组织的决策制度组成，再下一个层级由组织制定规章所依据的制度化结构组成，最深层级由组织的总体目标组成。[⊖]"可以推断，这些层级特有的反应速度存在差异。需要补充的是，不同的层级应当适应以不同速度变化的环

　⊖　DOWNS A. Inside bureaucracy[M].Boston: Little Brown and Company, 1967.

境条件。"$^{\ominus}$ 在这些层级中，组织的总体目标（以下简称组织的目标）镶嵌在社会文化背景中，甚至就是社会文化背景的构成要素，因此它的变化速度是最慢的，其变化的影响也是最具有全局性的。从整个社会组织群落来看，也就是从作为范式的组织目标来看，至少从16世纪资本主义世界体系孕生以来，组织的目标主要是利益最大化。这里，利益最大化中的"利益"，如前文所界定的，主要是指由劳动时间生产的主要用于交换的东西，这些东西的等价物是货币。因此，一个组织的目标，不仅会决定它的组成部分在结构上的层级关系，甚至还会决定这一组织的性质。

综合前文的论述，随着数智化进程的加速推进，人们在认知模式、对现代世界体系的认知、意义的空间等方面都发生了根本性转变。数据（知识）成为重要的生产要素，促使可以自由支配的时间成为财富的尺度。工作的价值取向不再是为了外在物（工作的工具性价值），而是为了自我实现（工作的目的性价值）。此时，人们之间财富的差异也因为他们在工作的价值取向与自我实现上越发一致而相对变小，甚至被弥合。

伴随工作的价值取向从其工具性价值向其目的性价值的转变这一可能性的现实化与普及，组织的目标也会从利益最大化转向意义最大化。意义最大化表达的是：从个人来看，是个人价值的最大限度释放；从组织来看，是组织价值的最大限度释放。我们也在前文中确认过，意义的地基是社会关系，因此这种最大限度释放，既是

$\ominus$ HANNAN M T, FREEMAN J. 组织生态学 [M]. 彭璧玉，李熙，译. 北京：科学出版社，2014：43.

对组织内成员的意义，也是对组织外成员的意义。这里的"价值"，如前文所述，它是一个比"利益"更大的范畴，它的多维性与意义的空间联结在一起。为了清晰表述，我们以"意义最大化"这一范畴来概括共生关系下的组织的目标。下面我们先说明一下意义最大化与利益最大化的不同之处。

一是意义最大化追求的是可以自由支配的时间的意义，而非剩余劳动时间的占有。意义是关系性的，它发生于个人之间、个人与组织之间以及组织与组织之间，寻求的是相关主体在运用可以自由支配的时间上的积极成效，它首先展示为目的性价值的工作（它内在地追求创造性、卓越性），而后是工作过程的产物（如科学理论、艺术品、代码程序、服务等）。参与这个过程的相关主体，其工作是由追求关系性的**意义**驱动的，工作是目的性的，它是主体的自我实现。与此不同，在利益最大化这一目标下，相关主体的工作是由追求占有性的利益驱动的，因为这种占有具有排他性，因而工作是工具性的，它倾向于将相关者推到对立的或互为客体的关系上。马克思从资本的角度，揭示了资本在创造可以自由支配的时间的同时，又将这些可以自由支配的劳动时间变为剩余劳动的矛盾。

在必要劳动时间之外，为整个社会和社会的每个成员创造大量可以自由支配的时间（即为个人生产力的充分发展，因而也为社会生产力的充分发展创造广阔余地），这样创造的非劳动时间，从资本的立场来看，和过去的一切阶段一样，表现为少数人的非劳动时间，自由时间。资本还添加了这样一点：它采用技艺和科学的一切手段，来增加群众的剩余劳动时间，因为它的财富直接在于占有剩余劳动时间；因为它的直接目的是价值，而不是使用价值。

于是，资本就违背自己的意志，成了为社会可以自由支配的时间创造条件的工具，使整个社会的劳动时间缩减到不断下降的最低限度，从而为全体［社会成员］本身的发展腾出时间。但是，资本的趋势始终是：一方面创造可以自由支配的时间，另一方面把这些可以自由支配的时间变为剩余劳动。如果它在第一个方面太成功了，那么，它就要吃到生产过剩的苦头，这时必要劳动就会中断，因为资本无法实现剩余劳动。[⊖]

顺带提及的是，上面这段引文中的"价值"，指的是凝集在商品中无差别的人类劳动。这是从劳动时间（社会必要劳动时间）维度对价值的界定。我们对价值的界定是广义的，它包括但不限于这一维度的价值。

二是意义作为一个关系范畴，它在内涵上大于作为实体范畴的利益。意义包括但不限于利益，并且在意义成为界定组织目标的内涵之后，对利益的占有会自觉维持在一个合理的限度。意义最大化包括将利益的占有维持在一个不损害价值共生关系的限度之内。我们以一个零售企业的组织系统构成为例，在意义最大化的组织目标驱动下，商品系统、选品系统、付费系统、物流系统、客服系统、评价系统等各个系统，不再是独立于人和控制人的，它们具有服务于人和解放人的性质。其中，评价系统在共生场中不再是辅助性的，

⊖ 马克思，恩格斯．马克思恩格斯文集：第 8 卷 [M]．中共中央马克思恩格斯列宁斯大林著作编译局，编译．北京：人民出版社，2009：199．

它具有实质性的甚至基础性的地位，组织的系统会依据评价系统来进行优化改善，并让人的价值创造更及时、更可视化。

三是以意义最大化为目标的组织，组织内的人际关系不再是上下级关系，而是分工的协同关系、相关者互为主体的关系。[⊖]组织成员的相互承认是互为主体关系的前提。组织对其价值生产的质量要求，表现为组织中的主体对其可以自由支配的时间的意义追求（就像一位真正的艺术大师对其作品的要求），这种追求来自需要该价值（作品）的他者的认可，以及对这一内在要求的确认或赞誉。就此而言，他者的认可只有在互为主体的主体间性中才能获得其非扭曲的形式。事实上，他者的认可在以利益最大化为组织目标的历史时期，也可以在互为主体的主体间性中进行，但由于这一主体间性受到主体 - 客体关系的严重影响，因而他者的认可通常是片面的或扭曲的，并且与对"承认"的追求联系在一起。

德国政治哲学家阿克塞尔·霍耐特（Axel Honneth）从欧洲观念史角度出发，认为"对我们的民主文化来说，研究那些迄今为止都持续塑造着我们社会和政治的共同生活的观念或概念的历史起源和发展，这是十分重要的；因为只有在这样一种历史性的再次保证的镜鉴中，我们才能共同认识到，我们为什么成了现在的样子、我们是谁，以及哪些规范性的要求与这一共有的自我理解齐头并进。'承认'这一概念也应该得到这种历史学的回溯思索，因为几十年来它已成为我们政治上和文化上的自我理解的核心；这一点在很多方

⊖　有关组织协同共生的观点，可参见：陈春花，朱丽，刘超，等．协同共生论：组织进化与实践创新 [M]．北京：机械工业出版社，2021．

面都有所体现，例如，尊重那些在一个合作的共同体中彼此具有同
等权利的成员，给予他者的特质以无条件的承认，或是在'承认的
政治'的意义上给予文化上的少数群体以价值方面的尊重"。[一]

　　事实上，不仅欧洲如此，世界各地皆是如此，为"承认"而斗
争是与人类漫长的历史进程相伴随的。只不过在不同社会或不同历
史时期，人们对"承认"所指向的内容的表达，并不总是使用唯一
的、固定的术语，而是使用了不同的甚至截然不同的术语。人类作
为关系性存在，在不同环境中追求自我持存、自我实现，总是或多
或少依赖于他人。如此而言，经济活动领域的"认可"与政治活动
领域的"承认"，不仅是相关联的，而且都是人类自我实现的重要形
式。当追求用户对服务的认可最大化优于用户对服务的付费最大化
时，"认可"在人类自我实现的价值维度上高于利益。并且从历史
来看，追求经济活动领域的"认可"甚至早于政治活动领域的"承
认"，前者也晚于后者获得其非扭曲的形式。

　　总而言之，意义最大化需要价值生产质量的持续改进，而这需
要相关者形成互为主体的关系。其中，每一方追求自我实现而产生
的产品，在平台组织上都能够获得相应的另一方的匹配。价值生产
不再是以用户为客体的、单一商品的供给，而是相关者互为主体的、
包含商品供给在内的连接，是为了获得彼此真诚"认可"的合作。
并且，"匹配"在数智化时代也将变成一种能力。只是关于这种能力
的表述，仍然局限于利益最大化的、把客户视为客体而加以占有的

　　[一] 霍耐特.承认：一部欧洲观念史[M].刘心舟，译.上海：上海人民出版社，2021：10.

语境之中，如：

当不同的企业在为争夺潜在客户竞争时，我们很容易发现，更好的算法可以转化为企业的竞争优势。市场越是远离价格关注，接近海量数据市场，它在更好地匹配算法方面面临的竞争就会越激烈。因此，我们可以预见，匹配服务将会成为区别市场的关键因素。然而，从长远来看，随着大多数市场开始采用更智能的匹配技术，匹配算法所带来的竞争可能会减少。那时，匹配将变成一种基本服务，一种市场本应提供的基本功能。[一]

如果我们把注意力延伸到组织之间，在数据、算法、智能技术的帮助下，组织共同体（community）的出现已经越来越明显。在生态空间或者生态外的发展空间中，组织与组织之间通过共生关系联系在一起，不同的组织单元相互依存，共创互利，共生的核心是"双赢"及"共存"。"在世界范围内，企业管理者逐渐认识到，企业的本质不应该是仅为获取自身利益，更应该是通过协同创造共生价值与构建共生关系，实现更美好的社会价值。"[二]

二、边界维持：内外协同

今天，组织的生存和发展更容易受到外部环境的影响和控制，

[一] 迈尔-舍恩伯格，拉姆什.数据资本时代 [M].李晓霞，周涛，译.北京：中信出版集团，2018：74.
[二] 陈春花，朱丽，刘超，等.协同共生论：组织进化与实践创新 [M].北京：机械工业出版社，2021.

管理者需要特别关注组织定义的第二个构成要素：边界维持。管理者需要确保组织在动荡的环境中依然能够保有组织自身的边界感，同时还要让组织有更高的组织效率以及更大的价值空间。简单来说，就是找到新的有效组织模式。

我们从价值空间的维度去理解组织的边界，"如果一家企业想要获得价值创造的可能性，就要协同组织内外的单元，并创造协同共生效应。当企业把不同的组织单元协同在一起工作时，将会产生出超过任何一个独立单元所能创造的价值，即协同共生价值"[一]。这就意味着组织需要将内外部边界打开，并形成内外部协同共生的网络结构，这一价值共生的结构，一方面帮助各组织成员拥有明确的价值空间，另一方面也把各组织成员与非价值网络成员区别开来。

但是，寻找和界定组织边界在今天显得尤为不容易，一方面是因为组织各方达成共识本就是一件不容易的事情；另一方面环境的变化又导致组织边界需要动态调整，对此汉南和费里曼做了如下判断：

从生态学视角出发，寻找最优的组织形式是一种误区。因为，组织形式是否适合于组织发展，也取决于所存在的环境，而环境处于不断变化之中。这就是说，一种组织形式在某个国家某个产业的某个时段上取得成功，并不意味着它在下个时间段或是其他的环境条件下也会取得成功。事实上，组织生态学理论认为，不确定、易

⊖ 陈春花，朱丽，刘超，等. 协同共生论：组织进化与实践创新 [M]. 北京：机械工业出版社，2021.

变的环境会形成多样化的组织形式，且组织形式会随着环境条件的变化而变化。该理论善于阐述在某种环境条件下，哪种组织结构是最好的。[⊖]

我们探讨组织共生情形与组织生态学这一看法相似，即需要在给定的环境条件下阐释其允许的、好的组织结构。那么什么是今天好的组织结构呢？由于数字技术的介入，组织，尤其商业组织，也因人类行为在速度上的指数级提升而发生了根本上的结构性转型，能够跟上转型变化的组织才能获得新生。由此，时间的意义在商界，就不仅是单位时间内产出的最大化，还包括这种最大化的持续性和新价值性，后者需要商业组织进行结构性迭代升级。所以，组织要想保持优势，要么进行数字化转型，要么本身就是数字组织。因此，好的共生组织结构应在数字（化）组织这个群落之中。但是，就组织结构本身而言，它是工具性的，可以被用于不同的组织目标，因此，判断好的组织结构，我们还需要把组织目标考虑在内。在将组织目标纳入考虑之后，好的组织结构应是内生意义最大化这一组织目标的数字（化）组织，这种组织的结构特征是"内外共生"。[⊜]

"借鉴马古利斯的内共生理论，我们将协同共生类别分为组织内共生、组织外共生、组织内外共生三种类型（见表 7-1）。"[⊜]

⊖ HANNAN M T, FREEMAN J. 组织生态学 [M]. 彭璧玉，李熙，译. 北京：科学出版社，2014：15.

⊜ 这部分的研究结论详见：陈春花，朱丽，刘超，等. 协同共生论：组织进化与实践创新 [M]. 北京：机械工业出版社，2021.

⊜ 陈春花，朱丽，刘超，等. 协同共生论：组织进化与实践创新 [M]. 北京：机械工业出版社，2021.

表 7-1　协同共生论概览

共生类别	底层逻辑	效率获取	实现方式	序参量
组织内共生	组织内协同	内部效率	责、权、利对等	分工、分权、分利
组织外共生	组织外协同	外部效率	企业价值网络	价值、目标、技术、数据、认知/思维
组织内外共生	组织内外协同	大系统效率	内分工+外分形	内分工（责、权、利对等）、外分形（价值、目标、技术、数据、认知/思维）

　　组织价值空间由内部共生到内外部共生，组织效率从内部效率到大系统效率，以及组织目标从利益最大化到意义最大化的转变，顺应了 AI、云计算、大数据等数字技术的发展趋势，也顺应了组织形式的数字化转型，即从强调分工的管道企业 [⊖] 到强调协同的（数字）平台企业。以工业时代的典型组织——工厂企业为参照，数字化时代的典型组织——平台企业，其核心要素构成如下（见表 7-2）：

表 7-2　两种组织类型的核心要素对比

组织类型	核心要素对比
工厂企业	物质实体（厂房、机器、生产资料等）+规则体系+排他性界面+利益最大化
平台企业	互联网（硬件、代码、数据等）+规则体系+共享性界面+意义最大化

⊖　杨小凯等人开创的新兴古典经济学，综合了亚当·斯密的分工思想和科斯的交易成本思想，并且批判性地吸收了马歇尔之后新古典经济学的现代化理论形式。它的理论框架涵盖分工、专业化水平、企业组织三个核心部分，微观基础是能力、个人决策、均衡和福利。在平台组织成为数字经济主流的背景下，新兴古典经济学没有充分考虑到数字经济的共享特性以及平台组织的整体吸纳性。这意味着，新兴古典经济学要想获得进一步发展，需要超越其原有的理论框架，兼顾协同性、连接化水平、组织生态，构建新的理论框架。

　　凭借平台这一新的组织形式，企业组织相互连接而构成平台圈（平台生态），在这个共同的生态网络之中，组织边界的维护或者调整均以价值或意义最大化为依据。无论是单个组织自身的边界选择，还是整个生态网络中各个组织成员之间的边界选择，都既可实现单个组织的目标，也可以协同实现整个平台的价值。这些平台组织，作为共生组织而言，其结构特征及共生关系如表 7-3 所示。

表 7-3　共生组织的结构特征及共生关系

共生组织	基本内涵
内结构	持续优化组织内部秩序，让不同个性的个体实现协同，减少内耗，最大限度释放个体的价值
外结构	持续优化组织整体上驾驭不确定性的能力，寻求与其他可以一起成长的组织进行连接，由此让组织与动态的外部环境实现协同，减少摩擦和阻力，最大限度释放组织的价值
共生关系	协同渗透于组织的内结构、外结构以及两者之间

　　在对管理思想发展阶段的梳理和研究中，我们发现管理同样进入了第五个阶段，即共生型组织阶段。在这个阶段中，组织被看作自然整体的一部分，"组织之间由竞争关系转向协同共生关系，连接、开放、融合、协同、共生等概念成为基本认知。组织的边界变得模糊与柔性，组织不仅仅与组织外部成员构成网络关系，还需要把自己置身于自然宇宙系统之中，并认识到自己是这个整体的一部分，企业的宗旨也从使股东财富最大化转变为让世界变得更加美

　　⊖　陈春花. 价值共生：数字化时代的组织管理 [M]. 北京：人民邮电出版社，2021.

好"[一]。无论是管理者认知的改变，还是技术与环境的挑战，各组织都处在一种受益于对方的存在关系，即共生关系之中，共创更有意义的场域。

三、社会建构：共生强度

作为组织的第三个构成要素，社会建构强调社会现实是由人们的观念、认知和行为共同塑造而成的，而这些观念、认知和行为又是在社会互动和文化背景下形成的。因此，社会建构是一个动态的过程，关乎个体与个体、个体与群体、群体与群体之间的相互作用。当然，智能体也开始成为部分组织中的一个成员主体，不再仅限于具有工具属性。在意义最大化的目标导向下，以及协同共生的价值空间中，组织活动的分工、角色、机制设计、边界控制等，都需要更关注相互依存关系，也就是社会建构中的互依性，我们称之为"共生强度"。

共生强度可以表述为：组织活动中，如果一种影响是毁灭性的，并且是不可弥补的，则共生强度最大（记为 1），反之，则共生强度最小（记为 0）；如果这一影响是损耗性的，可以引入同类组织予以一定程度的弥补，则其共生强度介于 0 和 1 之间。

从共生强度可以引出：在一个给定的共生场中，它可以允许多

　　⊖　陈春花，朱丽，刘超，等．协同共生论：组织进化与实践创新 [M].北京：机械工业出版社，2021.

个同类组织生态共存；在某类组织生态中，其组织成员在数量上不少于 1 个；在某个生态圈中，同类组织成员数量存在某个临界值，当高于这个临界值时，意味着有一些组织成员必会死亡，除非迁移到他处；当低于这个临界值时，意味着组织生态必会受到影响，需要从外部引入相应数量的组织成员，除非既存的同类组织中至少有一个变强，以至于足以抵消同类组织数量不足产生的影响。《组织演化论》一书中对种群之间的 8 种关系类型的研究，可以给我们以相关的启发（见表 7-4）。

表 7-4　组织种群之间的 8 种关系类型

1. 共栖

（−，−）完全竞争：某一种群的增长会拖累另一种群的增长。

（−，0）部分竞争：关系是不对称的，只有一方对另一方有负面影响。

（+，−）掠夺性竞争：一个种群以另一个种群的消亡为代价进行扩张。

（0，0）中性：种群之间没有影响。

（+，0）部分互利：关系是不对称的，只有一个种群从另一个种群的存在中受益。

（+，+）完全互利：两个种群在重叠的局部生态环境中受益于对方的存在。

2. 共生

（+，+）共生：两个种群处于不同的局部生态环境，受益于对方的存在。

3. 主导

占主导地位的种群控制着向其他种群的资源流动，效果取决于共栖或共生关系的结果。

注：括号中的符号表示一个种群 A 对另一个种群 B 的影响。+表示正向影响，0 表示没有影响，−表示负向影响。

资料来源：奥尔德里奇，吕夫，李普曼. 组织演化论［M］. 方世建，杜运周，等译. 北京：机械工业出版社，2023：222.

在这个社会建构过程中，无论个人还是组织，它们的共生能力都不仅取决于它们各自的优势能力，还取决于它们寻求与自身优势能力相适合的组织或组织生态的匹配能力。并且，随着数智化的深化与发展，相关关系的重要性逐渐凸显出来，匹配能力呈现出与优势能力等同的价值。就此而言，在时间给定的情况下，组织的共生能力正相关于优势能力与匹配能力。换言之，在时间作为变量的情况下，需要考虑共生场的演化，由此组织的共生能力正相关于优势能力、匹配能力与进化能力。

鉴于 AI 的发展对人类影响深远，我们还必须考虑人机共生关系的问题。AI 作为一种程序系统，它有多种具象化形式，如它既可以具象化为平台组织形式，也可以具象化为类人形式。不管是何种具象化形式，在 AI 尚未发展出自主意识之前，它都是一种作为工具的能动性存在。我们在早期的研究中得出结论，人机共生关系大体有四种模式，互利共生、偏利共生、偏害共生和吞噬取代。互利共生即组织人与机器人相互协作实现共赢，是组织人与机器人实现价值互惠与价值共创的最优模式。偏利共生即机器人仅仅为组织人完成工作提供服务，并无自身智能化水平的提升（未实现知识累积或深度学习等经验和能力的优化），组织人则视 AI 为工具，相对忽略机器自身潜在的学习能力与社会属性。偏害共生强调机器与人共生过程中机器的智能化提升，进而逐步实现对人与组织的价值挤压，最终引发潜在的人的功能替代。吞噬取代是指人机共生过程中人与机器的分立关系模式，最终由于人机协调失灵与机器智能的任意发展，已有组织关系与人类价值的负外部性涌现，甚至走向危机与毁灭，形成人机双输的价值收益。[一]从共生强度来看，互利共生为最优，其次是偏利共生，再次是偏害共生，最差是吞噬取代。若 AI 发展出自主意识，那么人机共生关系就会跨入伦理道德领域，触及终极的意义问题。[二]由此，促进并确保人机共生关系运行在合理的区间是数字化时代赋予人类共生议题的新内涵。

此外，共生强度还取决于组织的境界。在《共生：未来企业组织进化路径》[三]一书中，我们提出了打造共生型组织的四重境界。第一重境界是共生信仰，即拥有确信的力量，笃定商业文明及其驱动人类进步的价值。第二重境界是顾客主义，它让顾客成为组织成员间唯一的价值集合点。顾客主义既是组织成员价值取向的检验标准，也是对组织成员合作过程的持久修炼，类似于"盟约"。第三重境界是技术穿透，即把技术作为一种组织语言，以更开放的平台高效集合更多成员，从而形成一个"整体"。第四重境界是"无我"领导，即领导者应成就他人，打造协同价值环境，并为每个组织成员赋能，实现更广泛的价值创造集合。

共生组织的形成与发展，引发了正式组织定义的三个构成要素内涵的变化。目标导向从利益最大化转向意义最大化。边界维持因协同共生把组织的价值空间由内而外地拓展开来，并不断超越行业边界和组织边界。社会建构则依赖于共生强度而获得组织成员之间

[一] 陈春花，梅亮.人机共生：组织新生态 [J].哈佛商业评论（中文版），2019（9）：112-120.
[二] 秦子忠.人工智能的心智及其限度——人工智能如何产生自我意识？[J].江海学刊，2022（3）：52-59，255.
[三] 陈春花，赵海然.共生：未来企业组织进化路径 [M].北京：中信出版集团，2018.

的相互依存关系并彼此互益。由此，组织共生体的出现不仅释放了新的生产力，更构建了新的生产关系，使组织成员得以实施各自的主体行为，建立互为主体的共生关系，从而实现整体进化。

第八章

CHAPTER 8

共生理念：组织自进化的选择

面对即将来临的生态灾难，我相信，那些强烈
意识到自己与邻居有着共享命运的人，比那
些缺乏这种意识的人，有大得多的机会存活
下来。我们越快、越深刻地领会我们的共享
命运，越多地据此采取行动，我们的共享命
运就越有可能是共存共荣而不是相互毁灭的。

——小约翰·柯布（John B. Cobb Jr.）

回顾全书的讨论，科学技术的发展、叙事方式的改变以及新
世界观的出现，引发我们去探寻人类何以共生的议题。在这个议题
上，当代西方马克思主义者表达了通往人类共生的两种进路。其中，
一种进路是由分析马克思主义的代表人物杰拉尔德·阿伦·科恩
（Gerald Allan Cohen）阐释的，他基于当代科学理论关于增长有极
限的判断，认为即便生产力可以无限发展，自然承载力也是有限的，
因而社会主义同样需要考虑在资源中等匮乏条件下的公平正义议题，
并从政治哲学维度批判罗尔斯等人的自由主义正义理论以拯救社会

主义的正义价值，但他尚未完整地建立其社会主义正义理论；[⊖]另一种进路是由马克思主义法兰克福学派第二代中坚人物尤尔根·哈贝马斯阐释的，本书第一章中介绍和探讨了他的选择，从目的-工具理性到交往理性的转向及意义——人类基于主体间性的交往共识而可能得以共生。[⊜]

以上这两种马克思主义进路，从不同维度阐释了人类共生的可能性。但这些都只是理论图式自身的期许。这些期许作为理论图式逻辑体系的推论，其最终是否成立，不仅取决于逻辑体系的自洽性，还取决于逻辑体系所试图表达的现实世界发展的趋势性，后者是一个涉及数以十亿计的人类个体行为的交互关系网络，且它处在变化之中。由此，在评估阐述人类共生议题的各种理论图式上，我们既需要评判其逻辑体系是否具有无逻辑矛盾的自洽性，也需要评判其逻辑体系是否符合现实世界发展的趋势性。基于自洽性和趋势性这两个标准，我们可以对以上论及的理论图式做如下简要评述。

由科恩阐释的进路是建立在批判罗尔斯的理论图式基础上的。因此，为了清晰表述，先简述罗尔斯的理论图式是必要的。罗尔斯的理论图式大体分为两个核心部分：一是公平正义理论，它建立在假想的原初状态之上，由此它诉诸的理论主体是违背人性事实的原子化的自利个体；二是重叠共识理论，尽管它建立在文化多元主义事实之上，但它的建立方法不是诸主体之间的协商理论，而是对诸

⊖　科恩．拯救正义与平等 [M]．陈伟，译．上海：复旦大学出版社，2014．
⊜　FINLAYSON J G，FREYENHAGEN F. Habermas and rawls: disputing the political[M]. New York：Routledge，2010.

完备学说所做的独白式的逻辑分析。[⊖]因而，罗尔斯的理论图式虽然具有很强的逻辑自洽性，但缺乏符合现实世界发展的趋势性。[⊜]在科恩对罗尔斯所做的批判中，我们得以看到罗尔斯用作其理论前提之一的原子化的自利个体，不过是资本主义现代化的一个结果，因而本应被批判的"主体"却被抽象固化为理论前提，以及罗尔斯的关于差别原则的激励论证是如何毁损共同体的团结精神的，相应地，科恩阐释了基于关系性的利他个体及其共享精神。但是，科恩的理论图式尚未完整地建构起来，它的逻辑体系的自洽性有待提升，而其对罗尔斯深刻的批判，尤其是关注到在资本主义现代化进程中，个体的孤独与自利以及对共同体团结精神的毁损，却具有符合现实世界的趋势性。

哈贝马斯的理论图式以技术理性批判为出发点，以基于主体间性和沟通的交往行为理论为核心，从而系统建立起从目的 - 工具理性转向交往理性的理论叙事，因此这一叙事具有很强的逻辑自洽性；又因为这一叙事是在与历史学、社会学、语用学等多学科的批判性对话中展开的，也就是在生活世界中展开的，因而它也具有符合现实世界发展的趋势性。

综合比较而言，在人类共生议题上，哈贝马斯的理论图式优于其他两种理论图式。[⊜]然而，由于现实世界在知识系统上已被二元论

⊖　陈肖生.实践理性、公共理由与正义观念的辩护 [J]. 南京大学学报（哲学·人文科学·社会科学），2015（3）：129.

⊜　桑德尔.自由主义与正义的局限 [M]. 万俊人，等译. 南京：译林出版社，2001.

⊜　这个判断是否成立，有待进一步论证与检验。做出这个判断主要是基于策略考虑，即它让探讨有所聚焦并得以从哈贝马斯的理论图式上切入。

所渗透，在实践系统上仍由资本主义所主导，因此哈贝马斯的理论图式最终能否实现，还有待深入探讨。

因此，我们选择从超越二元论以及超越现代世界体系的视角出发，去探讨共生的可能性，并结合数智技术与管理实践的发展趋势，去探索共生的可行性。在具体论述过程中，我们吸收了包括约翰·迈耶（John Meyer）的新制度理论（new institutional theory）在内的多种理论资源。迈耶的基本出发点是从组织和环境的关系角度去观察所发生的现象，因为任何一个组织都必须适应环境才能够生存。基于该出发点，迈耶提出了两个基本观点：一个是强调我们必须从组织环境的视角去研究、认识各种组织行为，解释各种组织现象；二是强调如果要关注环境的话，不能只是考虑技术环境，还要考虑制度环境，包括社会规范、社会秩序、文化观念、法律体系等规则，以及被人们所广泛接受的社会事实等类规则。可以说，我们关于共生（组织）的可能性与可行性的论述，不论在出发点上还是在基本观点上，都与迈耶的相关部分具有一定的相似性。⊖

新制度理论强调社会结构对组织的约束作用，突出制度塑造组织的文化——认知特征，这也是区分新制度理论与传统制度理论和制度经济学的界限。在新制度理论学者看来，组织不仅仅是技术环境的产物，也是制度环境的产物，迈耶和布莱恩·罗恩（Brian Rowan）在 1977 年发表的一篇文章中就认为在现代化进程中，制度约束而非市场、技术环境的力量，是决定组织生存的关键。如果组

⊖　由此，我们在本书中阐述的共生组织理论是否可以归属于新制度理论，这是一个值得探讨的有趣问题。

织或个人不接受"社会事实"，不被认可或者接受，或者不具有"合法性"，就会引发公愤，对组织的生存和发展造成极大的冲击。在传统的社会结构中，技术环境要求组织有效率，企业需要有高效率的生产和经营能力，这也是利益最大化成为企业存在的唯一目标的外部影响因素。而制度环境则要求组织不能仅仅从组织利益的视角出发去寻求效率，而是要承担企业的社会责任，获得社会的赞许和认可，也就是价值或意义最大化。因此，技术环境和制度环境给组织发展带来了多重不同的压力，甚至是冲突和矛盾，引发了各种各样的组织现象。

正如前文所得到的结论，基于数智技术背景下人类生产方式及经济活动的变化、利益最大化的困境、价值或意义最大化实现的可能性，整体论与人类命运共同体的共识既是理论的，也是实践的。而其在今天被加速推进的原因，是人类生存环境与技术高速发展叠加给人类自身带来的危机，以及解决危机所做的实践探索。技术环境所要求的高效率，其来源也发生了由内而外的根本性变化，组织的高效率取决于内外部协同共生的大系统效率；而获得大系统效率，则需要新的制度环境，且自利必须源于利他。新的社会规范、法律制度以及文化观念，也就是有利于整体发展的制度环境。组织因应技术环境与制度环境的变化而呈现新的生命形态。

一、组织自进化的生命历程

每个人都生活在一个组织系统之中，"组织不仅是一个经济实体，而且首先是一个社会实体"[⊖]。正如德鲁克所指出的那样，"它们都是'人造'的环境，都是知识社会的'社会生态'，它们之间的共同之处远远多于不同之处"[⊜]。这些共同之处，恰恰是组织存续的根本原因，也是我们关注的核心命题，即组织是人类合作的载体，它既承载着个人的利益、意义与价值创造，也承载着人类的共同目标。人类借助于组织的力量与外界互换物质、信息和能量，从而具有可持续发展的生命特征，我们甚至可以说"组织景观"也就是"社会景观"，更是人类的"生命景观"。关键的问题是，人类来到一个新的世界，产生新的世界观，那么新的合作方式和组织模式是什么呢？

弗雷德雷克·莱卢为此提出自己的观点："在每一个阶段，人类应对世界的能力——认知、道德以及心理——都有一个跃迁。……每次转换到一个新阶段，人类都会发明一种新的合作方式、一种新的组织模式。"[⊜]他根据人类的世界观与意识状态从相对简单到完全成熟的进化过程，把组织演化的过程分为七个阶段。

第一个是"反应 - 红外范式"阶段。在这个阶段，自我意识尚未形成，人们无法将自己与外界区分开来，因此还未出现所谓的组织模式。

第二个是"魔幻 - 品红范式"阶段。在这个阶段，人类开始有神灵与魔幻的意识，并逐渐向数百人的部落宗族转变，长者享有特别

⊖　周雪光 . 组织社会学十讲 [M]. 北京：社会科学文献出版社，2022：334.
⊜　德鲁克 . 知识社会 [M]. 赵巍，译 . 北京：机械工业出版社，2021：49.
⊜　莱卢 . 重塑组织：进化型组织的创建之道 [M]. 组织进化研习社，译 . 北京：东方出版社，2017：8.

的地位或者某种权力，但是真正意义上的组织尚未出现。

第三个是"冲动 - 红色范式"阶段。在这个阶段，自我意识完全形成，人与他人、与外界彻底区分开来，首次出现了"组织生活"，以及有意义的分工。

第四个是"服从 - 琥珀色范式"阶段。在这个阶段，服从意识出现，人类开始从部落宗族跃迁到农业社会、国家文明，进而发展出机构、科层制及组织化的宗教，人们将规范和道德内在化，开始追求秩序和稳定性。

第五个是"成就 - 橙色范式"阶段。在这个阶段，有效性取代了道德成为决策的依据，生命的目标是不断前行，追求更高的产出，并以社会认可的方式取得成功。

第六个是"多元 - 绿色范式"阶段。在这个阶段，人类开始寻求公平、和谐、合作与共识，坚持领导者应该服务于组织成员，强调授权，并以多个利益相关者的视角去看待社会，每个企业都需要发布其社会责任报告。

第七个是"进化 - 青色组织"阶段。莱卢认为，当组织进化到这个阶段时，人类开始接受意识的进化，回问自心，关注内在正当性，选择更好的生活，敢于尝试并体验生命的意义，此时财富、外部认可成为次要因素；开始真正理解"自由与责任、独处与合群、利己与利他"[⊖]，理解人际互动以及面向生命与大自然的完整性。需要特别

⊖ 莱卢. 重塑组织: 进化型组织的创建之道 [M]. 组织进化研习社，译. 北京：东方出版社，2017：71.

强调的是，在莱卢看来，如果将人类和组织意义的前后阶段按照时间轴表示出来，其结果让人震惊：进化看起来是加速的，而且速度越来越快。[⊖]

我们的观点与莱卢一致。回到前文讨论的内容，从超越二元论到整体论，到组织目标的转变，再到时间价值与生命意义的呈现，人类在自己的生命历程中不断打破小我而迈向大我；借助于数智技术的力量，让生命融入到自然乃至未知宇宙之中；在保有个体更独立的意识创造之中，建立起更广泛的社群与社区，并且致力于修复人类的生命与大自然之间的非功利性关系。今天组织中的每一个成员都更深刻地意识到：我们彼此的相互依存，只有在整体之中方可释放自我；对人与他人、人与社会、人与自然的完整性认识，创造出新的"组织景观"——共生存在。

让我们再回到马古利斯的"共生功能体"，以及古尔德的"间断平衡"理论，我们需要去面对的"共生存在"是什么？德国真菌学家德巴里（H. A. De Bary）认为，是"不一样的生命活在一起"。俄国学者认为，共生是生命进化的一种机制。甚至，达尔文在他写作时就已经预见到了共生起源的意义，他说：

我们不能揣测有机体奇妙的复杂性；但根据这里提出的假设，复杂性已经大大增加。每一种生物必须被视为一个微宇宙——一个小宇宙，由一系列自我繁殖的有机体组成，这些有机体小得难以想

⊖ 莱卢.重塑组织：进化型组织的创建之道 [M].组织进化研习社，译.北京：东方出版社，2017：51.

象，数量多得就像天空中的繁星。[⊖]

所以，共生作为生物学中的普遍现象，是"进化中产生可遗传的变异的主要机制"[⊜]。当我们聆听大自然的声音时，面对科学技术的发展，后工业社会、量子力学与镜像世界的出现，不断推进并提升我们的认知能力，让我们更有能力去解决复杂世界和未知世界的问题。引用理查德·巴雷特（Richard Barrett）的观点——"公司的运营要么基于小我的恐惧，要么源自灵魂的爱"[⊜]。我们可以将它理解为，组织的运营可以源自"灵魂的爱"——利他共生。

二、共生理念：一个不断被强化的规范性维度

人类从未像今天这样了解到"命运共同体"的迫切性，共同体不仅仅来自认知、心理以及道德的跃迁，也不仅仅来自数智技术下新组织形态的实践，而更是来自各个种群、主体之间的共生关系。在今天，可再生能源领域的拓展、环境友好型企业的涌现，以及平台型企业、产业一体化、区域一体化、人机协同等共同体展现出的发展优势，引发了更多的共同体出现；这些共同体在竞争、互利以及共生的过程中，构建着不同的生态环境，并形成不同范围与规模

⊖ 转自：马古利斯，萨根.倾斜的真理：论盖娅、共生和进化[M].李建会，等译.南昌：江西教育出版社，1999：389.
⊜ 马古利斯，萨根.倾斜的真理：论盖娅、共生和进化[M].李建会，等译.南昌：江西教育出版社，1999：383.
⊜ 转自：莱卢.重塑组织：进化型组织的创建之道[M].组织进化研习社，译.北京：东方出版社，2017：75.

的组织共同体。

正如前文所述，数智技术作为技术环境，在今天就是形成共生组织形态的催化剂，但我们同样也需要关注制度环境的催化剂作用。我们来看看制度环境是如何催生共生组织的。下面我们简要地介绍一些学者的相关研究，以此呈现共生理念不仅相关于这些研究，也是一个不断被强化的规范性维度。在迈耶和罗恩看来，美国社会现代化进程中不可避免地出现了被理性化的文化要求或规则，这些被理性化的规则像"神话"一样内化到人们的认知中。W·理查德·斯科特给出了系统的分析框架，这个分析框架包括三个部分：一是制度在不同层面上通过文化、社会结构和组织惯例等三个载体实现对组织的控制；二是制度由三个基本要素构成，即规则性维度（regulative pillar）、规范性维度（normative pillar）和认知性维度（cognitive pillar）；三是将制度三要素与迪马吉奥和鲍威尔（DiMaggio & Powell）提出的制度同形的三种机制联系在一起，即规则性维度、规范性维度和认知性维度分别通过强制机制、规范机制和模仿机制三种机制约束组织，使组织行为与制度环境要求相符。其中，规范性维度，就是通过社会价值观和社会规范中的角色期望约束组织行为。[⊖]

组织生存在制度环境里，必须得到社会的认可，为大家所接受，这就是组织"合法性"机制。针对"合法性"机制的研究，人类学家玛丽·道格拉斯（Mary Douglas）认为，共享观念、共享思维存在于组织之中，并约束着我们的行为。道格拉斯在《制度如何思考》

⊖　斯科特.制度与组织：思想观念、利益偏好与身份认同：第 4 版 [M]. 姚伟，等译，北京：中国人民大学出版社，2020.

一书中，用制度运行的一系列机制来阐述"制度如何思考"这一命题。第一，制度赋予人们"身份"（identity），塑造了人的思维习惯。比如，社会分工中的各种角色被理解为理所当然。第二，制度塑造了社会群体的记忆和遗忘功能。例如，企业知识的移植以及规章制度的约定。第三，制度对事物加以分类，将其放入不同的范畴。比如，老员工和新生代员工的分类。按照周雪光的总结，"制度塑造了人们的思维"[⊖]。这里最让我们关注的就是制度对人们思维的塑造。如果共享观念或共享思维存在于组织中并以制度的方式约束组织行为，那么体现为社会价值观与社会规范的"共生理念"就会是一个不断被强化的规范性维度。

按照道格拉斯的思路，社会规范塑造共享观念、共享行为规范的思维方式。在这一点上，我们每个人都有切身的体会。当你进入一个组织之中，你会自觉或不自觉地接受组织的基本行为规范和组织的价值观，你会约束自己的行为，并快速地学习组织的基本行为规范，然后尽快融入组织，成为"组织人"。社会规范和价值观对人们在组织中的趋同有着十分重要的作用。而迪马吉奥和鲍威尔（1983）指出，当组织之间的关系越来越紧密时，组织之间的联系和信息交流会增多，这时组织之间的结构会越来越相似，资源的交换会越来越容易，对话也会越来越容易，从而导致组织趋同。也就是说，组织之间的依存度越强，趋同性越强。就如企业如果希望构建产业价值链或者产业生态，就需要与产业伙伴之间具有共享的理念、互补的技能与频繁的信息交换，以及相似的组织结构和相同的作业

⊖ 周雪光.组织社会学十讲[M].北京：社会科学文献出版社，2003：84.

标准，这样才有可能构建出产业生态共同体。

　　至此，综合全书所做的探讨，作为规范性维度的共生理念，我们认为可以从互为主体、互作效应、价值共创、整体进化四个方面进行强化。

- 互为主体（intersubjective）：主体 - 主体关系是强化共生理念的出发点。正如哈贝马斯基于主体间性的交往行为理论所阐述的那样，如果不能够建立主体 - 主体关系，就无法在沟通和理解的基础上推理，通过共识和合作解决问题。
- 互作效应（interaction effect）：多个主体之间相互作用、相互影响所产生的效应。这个效应不同于单个主体所产生的效应，在这里需要特别关注的是主体间相互作用对整体的影响，包括正向效应和负向效应。
- 价值共创（value co-creation）：两个或多个主体共同生活在一起，各方基于相互的依赖和生存而平衡利弊。在这种关系中，各主体均能得到好处，均可以在单个主体无法存活时获得帮助，或减小遭受不利的影响。[⊖]这是一种共赢、利益互惠、价值互惠的最优模式，也是一种以意义共建、共有、共享为基础的价值活动。
- 整体进化（overall evolution）：各主体有更强的生存能力，使得种群整体适应环境的能力增强。整体进化还会导致多样

⊖　陈春花，梅亮．人机共生：组织新生态 [J]. 哈佛商业评论（中文版），2019（3）：112-120.

性增强，促进整体生态系统的稳定，以便更好地适应不断变化的环境。

综上，共生理念就是指各主体间确立互为主体的关系，关注和理解互作效应，实现及保障价值共创，从而获得整体进化的观念。这是一个规范性维度，是从共生存在、整体进化的价值观出发，来规范和约束各个主体的组织行为，摒弃偏利共生、偏害共生、吞噬取代的选择。必须强调的是，共生理念的规范性所要体现的正是整体论的价值观和应然观（理想）。我们期待这一理念能够不断得到强化，从而平衡人与社会、人与自然、人与技术之间因持续变化而产生的挑战和焦虑，并且更好地发挥人的主体创造性以及价值贡献能力。

致 谢
ACKNOWLEDGEMENT

这本书得以完成，首先要感谢《外国经济与管理》编辑部的宋澄宇老师。在他倡议创设"东方管理"专栏，并多次组织召开专栏编委会研讨会的过程中，我（陈春花）逐步梳理并完善了自己对"共生理念"的构想。特别是在 2023 年于杭州举行的专栏编委会研讨会上，我把本书的部分内容做了分享，得到了与会学者的肯定，这让我们更加坚定了研究这个主题的信心。

感谢王方华老师，在他的支持下，《共生的理念：从主客体到互为主体》一文在 2023 年第 4 期《上海管理科学》杂志上刊出，我们借此机会把共生的基本框架和前提条件做了更为系统的梳理。

感谢尹俊、杜运周老师，在与他们二人合作开展的"从二元走向共生的管理哲学：研究范式的新探析"的研究中，以及与尹俊老师合作的关于企业社会责任模式的研究中，我们逐步形成了自己的组织管理观。

感谢梅亮老师，我与他共同研究"人机共生"的组织新形态，探讨智能技术对组织的影响，由此对共生的四种组织形态（互利共生、偏利共生、偏害共生、吞噬取代）有了相对完整的认识。

感谢朱丽、刘超、赵海然以及金蝶和致远公司，我们持续 8 年的合作研究，得出了"协同共生"的管理模式以及组织进化和发展路径的结论。

我们还要特别感谢闻玉梅院士和钱旭红院士。闻玉梅院士是我们理解和学习生命科学、免疫学和病毒学的导师，与她的直接交流，以及参加她主持的学术研讨会，让我们得以理解人体及其微观世界，能够以整体的视角去看待生命与世界。与钱旭红院士的交流，让我们理解了量子思维和老子思维，这些理解帮助我们把握量子思维的特性，从而更好地理解当今世界的特征。

在构思和写作这本书的过程中，我们还走访了一部分企业，并与一些企业家做了深度交流，这些企业和企业家的管理实践让我们深知这项研究的意义。特别是最近三年来，中国管理模式 50 人＋论坛（C50+）的年度活动和优秀企业案例分享，让我们不仅对"价值共生"与"长期主义"有了观念上的认识，也看到了企业实践的明证。

我们还要感谢机械工业出版社白婕、佘广两位编辑的帮助，他们不仅持续推进本书的出版，还对本书的语句表达、可读性方面提出建议。

最后，我们还要感谢知室联合创始人葛新老师和知室的小伙伴。

在最近几年的研究中，知室为我们的研究创造了很好的条件，并推动创设了上海创智组织管理数字技术研究院。以该研究院为组织依托，我们邀请了更多的企业家和学者加盟，持续推动相关研究的发展。我们分别在 2024 年 3 月和 11 月举办了关于"共生理念"的管理与哲学两个领域的交叉研讨会，得到了《江海学刊》《外国经济与管理》《上海管理科学》的支持。我们也会在随后的时间里，开展更多的研究与探讨。

秦子忠老师曾将此书的部分章节用于研讨交流和课堂讨论，因此我们也感谢那些给予过评议或修改意见的师友与同学，这些意见有助于本书的完善。

当然，更感谢的是，我们身处数智技术飞速发展的这个时代，它正如马尔克斯在《百年孤独》里说："世界如此之新，一切尚未命名。"也正源于此，我们更需要以全新的世界观去探索如此之新的世界。在这个探索的旅程中，生活的意义会逐渐展现，尽管过程中不会全是鲜花与掌声。而苏轼的《定风波·莫听穿林打叶声》表达了我们所期许的一种人生态度："莫听穿林打叶声，何妨吟啸且徐行。竹杖芒鞋轻胜马，谁怕？一蓑烟雨任平生。料峭春风吹酒醒，微冷，山头斜照却相迎。回首向来萧瑟处，归去，也无风雨也无晴。"我们也愿，在常新多变的时代里守好自心，安于价值，保有意义。

陈春花　秦子忠
2024 年 12 月 30 日于上海知室书院

陈春花管理经典

关于中国企业成长的学问

一、理解管理的必修课	
1.《经营的本质》	978-7-111-54935-2
2.《管理的常识：让管理发挥绩效的8个基本概念》	978-7-111-54878-2
3.《回归营销基本层面》	978-7-111-54837-9
4.《激活个体：互联网时代的组织管理新范式》	978-7-111-54570-5
5.《中国管理问题10大解析》	978-7-111-54838-6
二、向卓越企业学习	
6.《领先之道》	978-7-111-54919-2
7.《高成长企业组织与文化创新》	978-7-111-54871-3
8.《中国领先企业管理思想研究》	978-7-111-54567-5
三、构筑增长的基础	
9.《成为价值型企业》	978-7-111-54777-8
10.《争夺价值链》	978-7-111-54936-9
11.《超越竞争：微利时代的经营模式》	978-7-111-54892-8
12.《冬天的作为：企业如何逆境增长》	978-7-111-54765-5
13.《危机自救》	978-7-111-64841-3
14.《激活组织：从个体价值到集合智慧》	978-7-111-56578-9
15.《协同》	978-7-111-63532-1
四、文化夯实根基	
16.《从理念到行为习惯：企业文化管理》	978-7-111-54713-6
17.《企业文化塑造》	978-7-111-54800-3
五、底层逻辑	
18.《我读管理经典》	978-7-111-54659-7
19.《经济发展与价值选择》	978-7-111-54890-4
六、企业转型与变革	
20.《改变是组织最大的资产：新希望六和转型实务》	978-7-111-56324-2
21.《共识：与经理人的九封交流信》	978-7-111-56321-1
22.《组织的数字化转型》	978-7-111-72255-7
23.《共生理念：组织范式的转变》	978-7-111-78132-5